隐蔽战线春秋书系 | 回忆录卷

长征前后回忆

肖赤◎著

中共党史出版社

图书在版编目（CIP）数据

长征前后回忆 / 肖赤著 . -- 北京 : 中共党史出版社 , 2020.1（2025.9 重印）

（隐蔽战线春秋书系 . 回忆录卷）

ISBN 978-7-5098-5436-5

Ⅰ . ①长… Ⅱ . ①肖… Ⅲ . ①肖赤—回忆录 Ⅳ . ① K827=7

中国版本图书馆 CIP 数据核字 (2019) 第 270901 号

书　　名： 长征前后回忆
作　　者： 肖赤

出版发行： 中共党史出版社
责任编辑： 吴江
责任校对： 申宁
责任印制： 段文超
社　　址： 北京市海淀区芙蓉里南街 6 号院 1 号楼　**邮编：** 100080
网　　址： www.dscbs.com
经　　销： 新华书店
印　　刷： 北京盛通印刷股份有限公司
开　　本： 720mm × 1000mm　1/16
字　　数： 99 千字
印　　张： 6.75
版　　次： 2020 年 1 月第 1 版
印　　次： 2025 年 9 月第 5 次印刷
书　　号： ISBN 978-7-5098-5436-5
定　　价： 20.00 元

此书如有印装质量问题，请联系中共党史出版社读者服务部 电话：010-83072535

肖赤（1911—2006）

|| 序 ||

肖赤同志是1927年参加革命的老党员，是参加二万五千里长征的老红军，是我党隐蔽战线上的老战士。像他这样的“三老”同志，幸存者已为数不多了。

肖赤同志撰写的《长征前后回忆》一书真实地记叙了他长征中在“红星纵队”负责中央首长安全保卫工作的亲身经历，生动感人地描写了毛泽东、周恩来等老一辈革命家长征途中运筹帷幄，与红军战士同甘共苦的战斗生活。该书不仅真实地再现了革命战争的艰苦和悲壮，描写了红军中许许多多可歌可泣的英雄故事，而且披露了当年肖赤在与领袖人物接触过程中的逸闻轶事。如周恩来副主席在陕北亲自为他改名“肖赤”（原名肖高贵）以表彰他对党的赤胆忠心；毛泽东主席曾为他亲题肖赤二字，他刻印保存至今。这枚饱经战火洗礼的珍贵人名章，镌刻着中国现代史上两位伟人的亲切关怀。红军长征到了贵州，邓小平腿部受伤，他曾为邓小平同志找到一匹骡子，这匹骡子一直驮着小平到达陕北。1975年小平同志恢复工作后，专门在花园村亲切会见了肖赤和他爱人孙克同志。这段历史一直鲜为人知。

肖赤同志出身贫苦，早年参加革命，在中央苏区他曾任万太特委冠朝区委书记兼肃委主席，长征时担任红一方面军总司令部特派员，陕北保卫局红军工作科科长。全国解放后，他曾任第二野战军区第三总队（西南军大）政委，中央公安部交通保卫局邮电保卫处处长，中央地质部保卫司副司长，中央调查部管理局局长（副部级待遇），全国五届人大代表。他对党忠诚，埋头苦干，无论是战争年代，还是和平时期，他都默默地在平凡的工作岗位上为党做了许多重要工作。他从不计较个人名利地位，有功不自居，德高不自傲。他是老干部的楷模，是青年干部的表率。

肖赤同志的《长征前后回忆》是他革命生涯中闪光的足迹，表现了一代人的精神风采和一个老共产党员、老红军战士的革命本色。忘记过去，则意味着背叛。相信这本书的出版，对干部、青年朋友是一部进行革命传统教育的好教材。

罗青长

1993年1月11日

目 录

一、我是怎样参加革命的

（1926—1928）

苦难的家史

我于1911年出生在江西省泰和县固坡区肖家村。我的曾祖父肖信埘，祖父肖义淇，父亲肖坚菁，几代都是受苦的农民。我们家没有什么家产，只有三间坐落在大山脚下的土坯房。我的祖父因两大家族之间的争斗，被抓去坐牢，去世很早。祖父死后，祖母被有钱人家抢走，家里仅剩下十来岁的父亲，孤苦伶仃，无法生活。好心的叔伯大爷收养了他，将他养大成了亲。成亲时，家里一贫如洗，为了糊口谋生，父亲去地主家做长工，一去就是二十几年。他天天起早贪黑地拼命干活，累死累活地种了一辈子田，不但养活不了全家，连自己也是吃糠咽菜，衣不遮体，受尽了残酷的剥削和压迫。

旧社会的风霜，使我父亲具有劳动人民的本色。他勤劳、勇敢、纯朴、善良。别看他个子矮小，可力大筋骨硬，是当地很有名望的劳动好汉。他曾经帮助乡亲挑过二百斤重的谷子走了百里路，还背着几米长、二百斤重的沙子，走了二三十里地。他这种乐于助人的高尚品质，经常受到穷苦人的好评。

我的母亲罗苏英，是一个温顺贤慧的劳动妇女。她不仅针线活做得很出色，还很会管家和种地。她自到我家后，没享过一天福。父亲长年在外，家中里里外外全靠母亲一人操劳。母亲生下我姐姐后，家里穷得揭不开锅，姐姐很小时，就连病带饿地被夺去了生命。父亲得知这一消息，悲痛万分，赶忙跑去找地主请假，他多么想回家最后看一眼自己心爱的女儿。可狠心的地主不但不准假，还把父亲臭骂了一顿。母亲见父亲迟迟不回，独自流着眼泪，将姐姐裹在一个破草席里，上山埋了。

姐姐刚死，我又出世。家里缺粮断菜，无法生活。母亲生下我不久，就外出讨饭。她走遍了大街小巷，受尽了地主富农的歧视、谩骂；也得到了穷苦人的同情、帮助。我下面紧接着又有两个弟弟、四个妹妹。我们这几张小嘴，整天向母亲哭喊着，“饿呀，饿！”母亲等我稍一懂事，就让我在家干农活。我看到别人家的孩子上学时，非常羡慕，经常偷着抹眼泪。

我12岁时，家里实在无法维持生活，母亲万般无奈，只好忍痛让我到地主家去放牛。

说起我的放牛娃生活，还不如地主家的一头牛。

我每天和牛住在一起。天不亮就起床，上山去放牛。到了人烟稀少的荒山上，不仅孤单、凄凉，还提心吊胆，既怕牛跑，又怕狼来。好容易熬到太阳下山，我赶着牛回来又累又饿，恨不得倒下就睡，可贪心的地主还逼我饿着肚子去挑粪。我总是拖着疲倦的身子，挣扎着去干，几次晕倒在地，都被好心的老大爷救起，才免遭一死。我每天吃的是残羹剩饭，盖的是草，穿的是破烂单裤褂，连草鞋也买不起，整天光着脚去爬山。严冬寒风刺骨，把我的脚冻得又肿又僵，还裂着血口。冷得我实在无法忍受时，只好把脚踩进刚拉的牛粪里暖一暖……

我一年熬到头，挣不到工钱，得到的只是谩骂、毒打。这种受奴役、受剥削的放牛娃生活，使我对贫富不均、社会不平越来越想不通，对骑在穷人头上的地富老财，有着刻骨的仇恨，我真想报这个仇。

组 织 学 武

我13岁时，经常独自在荒山上苦思冥想一个问题，即用什么办法来报仇？有一天，我终于想出了一个好主意，兴奋得几夜没合眼。我赶紧招呼肖家所有的叔伯弟兄一起商量。我说：“我们肖家弟兄十几人，属我最小。我有一个好主意，你们各位大哥听不听？”

“什么好主意？”大家惊奇地问我。

我用手拢了拢大家的脑袋，压低了嗓门说：“咱们要组织起来学武！”

“什么，学什么武呀，一天累到晚，活都干不完，哪有闲工夫学武。”

“就是嘛，咱们庄稼人，学武有什么用。”

我的几个哥哥，还没等我把话说完，就不满地议论开了。

这时，我的大哥肖高绣厉声喝道：“你们别瞎吵吵了，先听小弟把话说完。”

“对，对！”大家见大哥发脾气，赶紧随声附和着。

我马上接着又说：“我们肖家的家族这么大，老少就有百口人，身强力壮的小伙子也不少，总不能一代传一代地被人欺。我们要抱成一伙，和欺压咱们肖家的坏家伙斗。如果我们不学武，人家就不怕我们，我们也斗不过人家，只能永远被人欺。”

“好！讲得好！不愧肖家有骨气的后代。”

我的话音刚落，只见肖高绣大哥首先表态，支持了我的意见。

肖高绣大哥在我们弟兄之间年龄较大，个头最高。他上过几年学，懂文化，有头脑，还在后房的武班里学过武艺，结拜了一些会武的把兄弟。由于他能文会武，胆略过人，在我们肖家的弟兄之间威信最高。

大家一听他表态了，都感到有了主心骨。同时也琢磨着我的话言之有理，就一致赞同了我的意见。大家推举肖高绣为头，带领我们弟兄十几人，组成了学武班。肖高绣还专门给我们请来了教武的老师。从此，我们天天晚上关起门来学武练武。

我们的武术老师是本地的穷苦人，习武二十余年，武艺高强，性情刚烈。他对我们要求很严，训练很苦。从练基本功开始，到刀、枪、棍、棒，以及猴拳、气功，都手把手地耐心教我们。在练基本功时，我们头顶碗，腋夹鸡蛋，双腿弯曲站立不动，一站就是一个多小时。练打沙袋时，我们对着二三十斤重的大沙袋，不光拳打脚踢，还用头顶。一练就是几十下到上百下。刚开始练得我们头上、手上、脚上都淌鲜血，我有两个哥哥吃不了这苦，想打退堂鼓，后被老师严厉地训斥了一顿，才勉强坚持下来。我当时虽然也疼得直钻心，夜里躺在床上都难以入睡，但我一想到要报仇，就浑身都是勇气。我忍着剧痛，咬紧牙关，每天坚持苦学苦练。老师为我这种坚韧不拔的精神所感动，他很器重我，经常下功夫教我一些武功精华与拿手诀窍，使我很快就掌握了一些真本领。我的双手炼得像铁打的一样，抬手劈砖，"啪"的一声即断。我的身体炼得柔中带刚，能从站立的姿势到前合、后仰，五体同时投地，轻起轻放。我运口气，牙都变得力大无穷，能叼起六七十斤重的一桶水，稳步走上百米远，也不让水洒出，还能叼起五十斤重的盛粮大箩筐上下楼。我无论是刀、枪、棍、棒还是赤手空拳，都能同时与弟兄几个对打。我们弟兄十几人，经过三年的勤学苦练，人人学会了几套武艺，个个炼出了一身铁打的筋骨。这样，大家抱成一团，力量、胆量都大了，敢于同村内的欺压势力进行对抗。

我们村的后房，有几户有钱有势的地富，很早就学过武，是全村没人敢惹的一霸。他们经常派出一些地痞打手，横行乡里，欺压百姓，谁见了他们都远远地躲开。自从我们学会武功后，就再也不怕他们。只要他们一出窝，我们十几人就召之即来，悄悄地跟在他们后面，等他们为非作歹时，立刻从房上、房后等各个角落里跳出来，把他们狠打一顿。他们无论闹到我们肖家的哪一户，我们弟兄十几个一呼齐应一块上，一下子就把他们打跑了。在我们的带动下，一方面，村里的许多年经小伙子都要求入我们的伙，称我们为师学武；另一方面，谁家受了恶霸的欺负，也跑来找我们帮他们撑腰出气。这样，村里的穷人慢慢地联合起来了，大家齐心协力地和地主恶霸进行明争暗斗，整得他们出门就挨打，在家也日夜不得安宁。村里这种自发的联合斗争，很快打消了他们的嚣张气焰，吓得他们十几天没敢出窝。真是大长穷人志，大灭地痞威。

我们由村内的斗争，逐步发展到村外的斗争。在斗争中，人数发展得越来越多，形势发展得越来越好。我们同周围的几个村，逐步建立起自己的秘密组织——“穷人队”。后在共产党的领导下，“穷人队”被引导走上了革命的轨道。

参 加 革 命

我参加革命的启蒙老师，是我的堂叔肖坚兰。

记得早在大革命失败前，肖坚兰就同曾丙奇（曾任红二十军军长）的弟弟曾老铺（大家的习惯称呼）合伙在东固做了多年买卖牛的生意。他俩都是东固地区共产党组织的地下党员，以做生意为掩护，以牛铺为秘密联络处，担任了东固、富田等地的秘密交通员工作。

我的堂叔很喜欢我，我们常来常往。我当时并不知道他是地下党员，只感到他见多识广，想问题想得远，看问题看得透。每当我有什么想法和问题时，都愿意和他谈。他也总是耐心地开导我，给我讲些通俗的革命道理，帮助我出主意、想办法。在堂叔的帮助、教育下，我由过去只知道劫富济贫，逐渐上升到要求革命。我有些懂得了，我们穷人只有跟共产党走，才是唯一的出路。

一次，我悄悄地在叔叔耳边问："叔叔，你说哪里能找到共产党？"

叔叔笑笑说："共产党帮助穷人打天下，哪里有穷人，哪里就会出现共产党。只要你心诚，就一定会找到党。"

当时，我多么盼望着在我们村里也出现共产党！

为了找党，我经常到周围几个村上，向我们"穷人队"的人打听有关党的消息。在"穷人队"里，我有几个外村的知心朋友，总喜欢来我们家玩。我们在一起无所不谈，他们曾经详细地寻问过我的家庭情况，以及我给地主放牛的经历。实际上，他们当时已经入了党，是在引导我也走革命的路。可我一无所知，只认为他们是我的同路人。在他们的影响、帮助下，我的革命思想日趋成熟，参加革命的愿望更加强烈。

有一天，我们谈得十分火热，最后，我向他们提议："咱们无论谁找到共产党，都要互相招呼，咱们合伙跟党走，一个也别落下。"

他们都伸出手，攥在一起说："对，咱们保证一个也不落下。"

1927 年 6 月的一天，天气热得喘不过气来。晚上，我正在家练武，他们给我带来了两个农民打扮的陌生人。我将他们让进屋里坐下，只见这两个人年龄三十上下，一副书生样，不像庄稼人。我正纳闷，就听其中一个陌生人自我介绍说："我叫曾隆瑞，是巷口村人。他叫谢守介，是苑前村人，我们是第一次与你见面，但你的名字我早已从你这几个朋友嘴里熟知了。"

"你们知道我？我怎么没听说过你们呀？"我惊讶地问。

他们笑了笑，谢守介又接着说："那我们今天不是彼此相识了吗，我们以后更会互相熟悉的。我们今天来你家，主要是想找你谈谈对革命的想法和对共产党的认识。"

我见他们的态度尽管十分严肃认真，但语气却和蔼可亲，就壮着胆子问："你们大概都是秀才共产党吧？！"

他们听后，又都笑了。谢守介赶忙回答："对！可又不完全对。我们过去都是大学生，后来在共产党的关怀、引导下，走上了革命道路，参加了共产党。但我们的共产党可不是什么秀才共产党，而是穷人的共产党。瞧你这几个土生土长的乡亲朋友，不也是共产党吗！"

"什么？你们也是？咳！你们怎么不早告诉我呀！"我又惊又喜地拍打着我的几个朋友问。

"这，这不是党组织的秘密吗，不该说的不能说嘛！"

"对！我们虽说没告诉你，可我们不是向你发过誓，只要找到共产党，决不把你落下吗。"

我的几个朋友连连向我解释道。

当时，我的心情很激动，真没想到，我眼前坐的，就是我盼了许久，找了许久的共产党。他们是那么平凡，那么熟悉，那么亲近。

"好，下面该由你来谈谈了。"曾隆瑞这时认真地对我说。

"我……我谈什么呢？"我激动和紧张得都有些结巴了，真不知该从哪儿说起。

曾隆瑞见我有些紧张，就微笑着启发道："你就谈谈你想不想成为共产党，想不想参加革命，敢不敢斗地主，怕不怕死吧。"

我这时攥紧了拳头，坚定地回答："我是个苦放牛娃，有深仇大恨要报。早就盼着一心跟共产党走，豁出命来干革命。不管是斗地主，还是打坏蛋，我都敢冲敢杀，我学会的这身本领，就是为着对付他们的。"

他们听后，连声叫好。又与我语重心长地谈了很久，讲了很多革命道理，更使我的心中燃起了一团火。我们越谈越亲近，越谈越热乎，时间过得真快，转眼已是深夜。我好像还有很多话要对他们讲，我真想把一个个百思不解的问题，一下问个明白。

这时，谢守介郑重其事地对我讲：

“肖高贵（原名）同志，你刚才谈得都很好，说明你对革命已有了初步的认识。你是个穷苦出身，爱憎分明的青年。你在村内外与地富进行过一系列的斗争，并在斗争中表现得勇敢出色。经过党组织对你的了解和考查，决定吸收你参加青年团组织（当时称 C.Y.）。从今以后，你要在党的领导下，好好干革命！”

他的话音刚落，我激动的热泪已经滚了下来。我盼望已久的愿望就要实现了，我要找的救星终于找到了。我思绪万分，一时竟不知说什么好，只是赶紧伸出了颤抖的双手，紧紧地和他们的手握在了一起。我用充满泪水的双眼，深情地望着大家，大家微笑着点头向我示意……

我，一个穷人家的放牛娃，就是这样在党的关怀教育下，经曾隆瑞、谢守介同志介绍，于 1927 年 6 月光荣地参加了青年团。从此，我成为一名革命战士，开始走上了革命道路。

残酷的迫害

我刚参加革命时，因组织纪律规定："上不告父母……"，我就没告诉我父母。我们的秘密活动，都是在夜间进行，晚上我常不在家。家里有的亲戚胆小怕事，不让我出家门。但我父母深明大义，知道我出去干的是正事，因而非常支持我。后来，直到我离开家乡，与他们告别时，他们才知道我参加了革命，跟着共产党走了，由此他们更放心，态度更明朗坚决。即使在最困难的时期，他们始终也没动摇过，因为他们懂得，只有共产党，才能救穷人。

自1934年，红军离开中央苏区，北上抗日后，国民党、土豪劣绅进入了中央苏区，对我们的革命家庭进行了残酷的迫害。他们把我们家洗劫一空，并在大门上挂上了一个"匪干属"的黑牌子，一挂就是十几年，直到解放时才拆下来。我们全家老小十几口人，被害得流离失所，家破人亡。国民党、反动派经常派人到处搜捕他们，我父母带着年幼的儿女四处流浪，东躲西藏，终年没有安身之地。我父亲先后几次被国民党抓去坐牢服刑，受尽了种种折磨，但他骨气硬、意志坚，从不在敌人面前屈服。后来几次出牢，都是被乡亲们合伙凑钱赎出来的。

我有一个年仅10岁的弟弟叫肖高绸，也同样没逃脱出国民党反动派的魔爪。那是1935年的一天，村里的国民党反动分子见我父亲被赎出狱，气得咬牙切齿，他们恶狠狠地说："老的回来了，小的休想跑。"并马上带上一帮打手，抢走了小弟，满街示众，并对他进行了惨无人道的摧残。他们先是扒光了小弟的衣服，狠命地毒打，抽得他遍体鳞伤，不省人事。然后又揪着他的头发，将他活活地往稻田里摁。"一下、二下……十几下……"脏水、臭水灌满了小弟的肚子，呛得他嘴、鼻出血，喘不上气来。这帮打手以为已把他呛死了，就将他往稻田里一扔，幸灾乐祸地扬长而去。乡亲们马上奔向稻田，从臭泥里抢出了奄奄一息的小弟。经过紧急抢救，他才微弱地睁开了双眼，但眼神是那样直愣愣地呆痴……他是被救活了，可他活着比死去更痛苦。因他已经终生致残，仅仅剩下了一个活人的身躯，他丧失了头脑，丧失了自制能力，丧失了一个活着的人所应有的一切！

面对这种残酷的现实，我父母的心灵上受到了严重的创伤，他们几乎疯狂地抱着这个心爱的呆傻儿整整哭了几天几夜。哪个父母不爱自己的儿女，他们多么渴望失去的一切再重新回到身边。悲痛后的沉默、冷静，使他们从极度的痛苦中解脱出来，他们深深地懂得，这一切的一切是为着什么。他们没有说过一句抱怨我的话，更没表示过对革命的丝毫不满，只是更加激起了对国民党反动派的满腔仇恨，更加坚信自己的儿子跟着共产党走，走对了，走的是一条为穷人翻身解放的光明大道！

以上这些家庭情况，是我解放后回到家乡时才知道的，由此，我更加尊敬我的父母。回想起他们的一生，是光荣的一生，有价值的一生。他们为革命作出了应有的贡献，给后代树立了榜样。我将永远感激他们，怀念他们。

参加游击队

1927年4月至7月，蒋介石集团和汪精卫集团相继叛变后，疯狂屠杀共产党人和革命群众。中国第一次革命战争失败了，中国革命进入了低潮阶段。当时，到处是一片白色恐怖，反动势力又趁势抬头，地富豪绅重新耀武扬威，形势一片混乱。

我们家附近的苑口、苍前、梅山颜家等几个大村，陆续都有从大城市回来的。他们这些人中，有的对革命悲观失望，逃回乡解甲归田；有的对革命仍寄以希望，跑回乡为了避避风险；还有的对革命始终充满信心，撤回乡为了保存实力，发展地方武装。我的入团介绍人曾隆瑞、谢守介同志就是从大城市转入农村斗争的。他们回乡后，很快与当地的地下党组织取得联系，并立即投入到紧张的农村革命斗争中。他们到处组织发动群众，建立秘密组织，吸收农民中的骨干分子入党、入团，为武装暴动不断集聚雄厚的力量。

我在他们的引导下，在这种革命的低潮时期参加了革命，担任了富田、沙村、水南、固坡一带的秘密交通员。我们几乎每天夜里都有秘密活动，由于我在本地土生土长，人员、地形都很熟悉，所以经常四处奔走，传递文件，张贴标语、传单，走村串户，联络广大群众。每当任务一下达时，我们有时饿着肚子，顶着风雨，冒着严寒、风险去干；有时通宵睡不成觉，在漆黑的夜里一跑路就是几十里地。我当时只有一个想法，就是要豁出命来干，什么苦啊累啊，从不放心上，每次都是出色地完成上级交给的任务。此外，我还担任了团支部书记工作。经常要和青年群众打成一片，向他们宣传革命道理，引导他们走革命的路。在斗争中，我们发展了几批革命青年入团，壮大了组织的力量，发挥了团员的突击作用。

1928年初，我于本地参加游击队。

我们这支游击队，主要活动在富田、沙村、固坡、水南一带地区，我们经常到处打游击，消灭地主武装民团，同时进行开辟和发展工作。在秋收起义时，我们这支游击队，还遵照上级指示，配合主力部队进行了牵制敌人的战斗。我们的宿营地在山里，有空就下山，深入到群众之中，帮助乡亲挑水、劈柴等，同时向他们作宣传、鼓动，发动他们起来干革命。经过几个月的艰苦细致工作，农民群众逐渐被发动起来了，我们趁热打铁，在周围几个村组织贫雇农先后成立了农协会、赤卫队、爆破队、儿童团等。我们也一起参加到这些组织中，在党的领导下，带着贫雇农斗地主、打土豪、烧借据、毁契约、分田地，组织农民武装，搞农民暴动，狠狠打击了反动势力，发展了革命势力，点燃了乡村的革命火焰。在斗争中，农民的武装力量不断发展壮大，为逐步建立农村的革命政权打下了坚实的基础。

宣 誓 入 党

1928年5月，我经入团介绍人曾隆瑞、谢守介介绍，由团转党。

我清楚地记得那是一个晴朗的夜晚，曾隆瑞、谢守介又一次来我家，他们进门就乐呵呵地说：“高贵啊，我们又来了，这回咱们可是老相识了吧。”

我当时正伏在桌上学文化，赶紧放下笔，起身说道：“你们是我的老领导了，可得多帮助我呀。”

曾隆瑞满面春风地说：“我们今天来，可是向你道喜来的。”

“道喜？我有什么喜呀？”我感到莫名其妙地问。

曾隆瑞拍着我的肩膀说：“来，来，来，咱们坐下慢慢谈。”

我们围着桌子坐下了，他俩开始扯开了话题。从我参加革命的那天起，一直谈到近一年来的表现，表扬了我的长处，指出了我的缺点，提出了今后的希望。

我聚精会神地仔细听着，默默不语地不住点头，将他们这些语重心长的话，深深地刻在了心里。

谢守介这时卷上了一支烟，继续说道：“高贵同志，我们告诉你一个好消息，经上级党组织的研究讨论，一致同意你由团转党。”

我听到这特大喜讯，既高兴又惭愧地低下头说：“我做得还不够，请组织上多考验我。”

“好，希望你今后继续努力，做名副其实的共产党员。”

曾隆瑞说完，小心地从怀里掏出了一叠纸，放在桌上轻轻地展开了。我好奇地仔细端详了好久，也没认出是什么。我指着上面那张画有人头像的画问：“这上面画的是谁呀？怎么我从没见过。”

“这是无产阶级的革命导师——马克思的画像。”

“马克思？我还是第一次听说，他是哪儿人？”

还没等他们回答，我又从桌上拿起了另一张红颜色的纸说：

“这张红色的纸，剪得倒挺像一面红旗的，可上面又用黄笔画了些什么图案呢？”

谢守介解释道：

“这是咱们中国共产党的党旗，这上面的图案是镰刀和斧头。”

接着，他俩就向我简明扼要地介绍起马克思的生平，以及党旗的来历、象征。我还是第一次听到这一切，好像眼界一下又开阔了许多，我领悟地点点头，仔细琢磨着他们所说的一切。他们见我大致懂了一些，就起身将马克思像和党旗贴在了墙上，尔后说道：

“下面咱们该进行入党宣誓了。”

他们教我举起左手，紧握拳头，跟在他们后面一起宣誓。我挺胸抬头地站立在马克思像和党旗面前，庄严地向党宣誓：

“……守纪律，守机密。不怕死，不叛变，不投降。忠于党，忠于革命，誓为共产主义奋斗终身！”

宣誓完毕，我们三双手又一次紧紧地握在了一起。他们激动地说：“欢迎你！祝贺你！新党员同志！”

我连连点头，也激动地答道：“感谢党组织的关怀！感谢你们的帮助！”

我们说完后，他俩又拉着我来到院内。这时的院内，夜深人静，皎洁的月光洒满了每个院角。我仿佛觉得那天的空气格外新鲜，月光格外明亮。

我们走到院中心，曾隆瑞又说：“高贵同志，咱们出来是请你接受党组织对你的第一个考验。”

我马上答道：“行！什么样的考验我都能接受。”

“那好，你刚才已向党宣了誓，为了考验你是否说到做到不怕死，请你对着天井发誓后跳天井。”

等谢守介的话音刚落，我看着院内四周这一米高、两米多长的天井默默地想：我家这普通的天井，我曾经轻而易举地跳过多少次，但哪一次也不能与这次相比。这一次我是在接受党组织的考验，意义重大，非同寻常，我一定要比哪一次都跳得好。我一跃而上，高高地站在了天井上，庄重地举起拳头，从心底里向党发誓：“一心跟着党，永生不怕死！”尔后，就毫不犹豫地起身一跃，“噌”地一下，似一阵风，从院内闪过，只见我已从天井的这边，稳稳地落在了那边。

他们压低了嗓门连声喝道：

“真行！真是好样的！”

我从天井上跳下来后，我们三人又回到那间破旧的小土屋里，无比亲近地整整谈了一夜……

二、参加红军 在中央苏区做开辟和保卫工作（1928—1934）

参加独立团

1928年8月，我们附近一带的富田、东固、泰和等几支游击队改编为中国工农红军泰和县独立团，由刘子奇任团长。下辖各区的几个独立营，我们泰和县的这支游击队，被编为二区独立营，营长是罗元炘。（他是我的远房亲戚，解放后曾任江西省军区的第一任副司令员。）改编后，我们这些普通的游击队员变成了正规的红军战士，心里有说不出的高兴。大家激动地解下了袖子上的红布条，将它剪成红五星和红领章，细心地缝在帽子正中和领子两旁。又将头上裹着的长布条，全部换成了红军帽。我们有的游击队员过去没有枪，一直用大刀、梭镖、木棒作武器。现在每人手中都配备了枪支弹药，大家全副武装起来，顿觉精神更加振奋！

部队改编中，我被调到团部当师爷（即文书），主要负责全团的早晚点名，统计和掌握各营人数，并为全团的干部、战士领衣裤、粮菜、伙食费等日常的事务工作。

在艰苦的战争环境下，红军部队的财经物质十分困难。我们部队从干部到战士的粮食定量，都是严格限制的，每人每天多时不到半斤，少时没有粮，就以野菜充饥。不仅如此，吃盐比吃粮还困难，每当老表冒着生命危险送来一些盐时，大家总是舍不得吃，互相推来推去，最后，每人只是用舌头尝尝盐味，尔后将盐留给伤病员吃，以及用于伤口消毒。在苏区的几年中，由于国民党的经济封锁，使我们搞盐始终十分困难，有时连续几个月吃不到盐，许多红军由此病倒了。我在团部当师爷时，常为干部、战士的吃穿发愁，许多食物从上级领不到，只能靠自己想其他办法搞来一些。有时候要从伙食费中尽量节约一些“伙食尾子”分给大家。许多红军都舍不得花这珍贵的几角钱，总是又将“伙食尾子”原封不动地上缴党、团费和“互济会”中。红军的生活环境虽然艰苦，但大家的精神境界是崇高的，都坚信革命一定能胜利。

独立团成立后，经过短期的整顿训练，就接到上级指示，命令我团配合红军主力部队，武装攻打吉安府。当时的吉安，不仅有敌军的一个师部和一个旅，而且是地富武装民团的顽固堡垒。周围几个县的土豪劣绅，遭到当地游击队、赤卫队的镇压后，都纷纷逃跑，最后聚集到吉安府。他们花钱买了大量的枪支弹药，并到处招兵买马，进行了全副武装，并与国民党的正规军紧密勾结，妄图与红军、游击队对抗到底。

我们独立团在吉安府外围整整围攻了半年多时间，边攻城，边发动群众，搞土地革命，充分调动农民的革命积极性，使当地掀起了轰轰烈烈的土地革命热潮。许多农民老表纷纷要求参加红军，使我团的后备力量源源不断。当时，整个外围形势对我军攻城极为有利，但由于在军事上敌强我弱，无论在人数还是武器装备上，敌我悬殊极大，所以，尽管我团尽全力打了半年多的外围战斗，消耗了大量的人员和物资，可对吉安府仍久攻不克。后来，彭德怀同志领导的红三军团以及毛泽东同志领导的红一军团主力部队，先后经过了几次攻打，吉安府才于 1930 年 10 月全部攻克，终于取得了辉煌的胜利。从而使赣西南苏区连成了一片，成立了江西省工农兵临时苏维埃政府，由曾山同志任主席，毛泽东、朱德、彭德怀等五十多人为苏维埃政府委员。

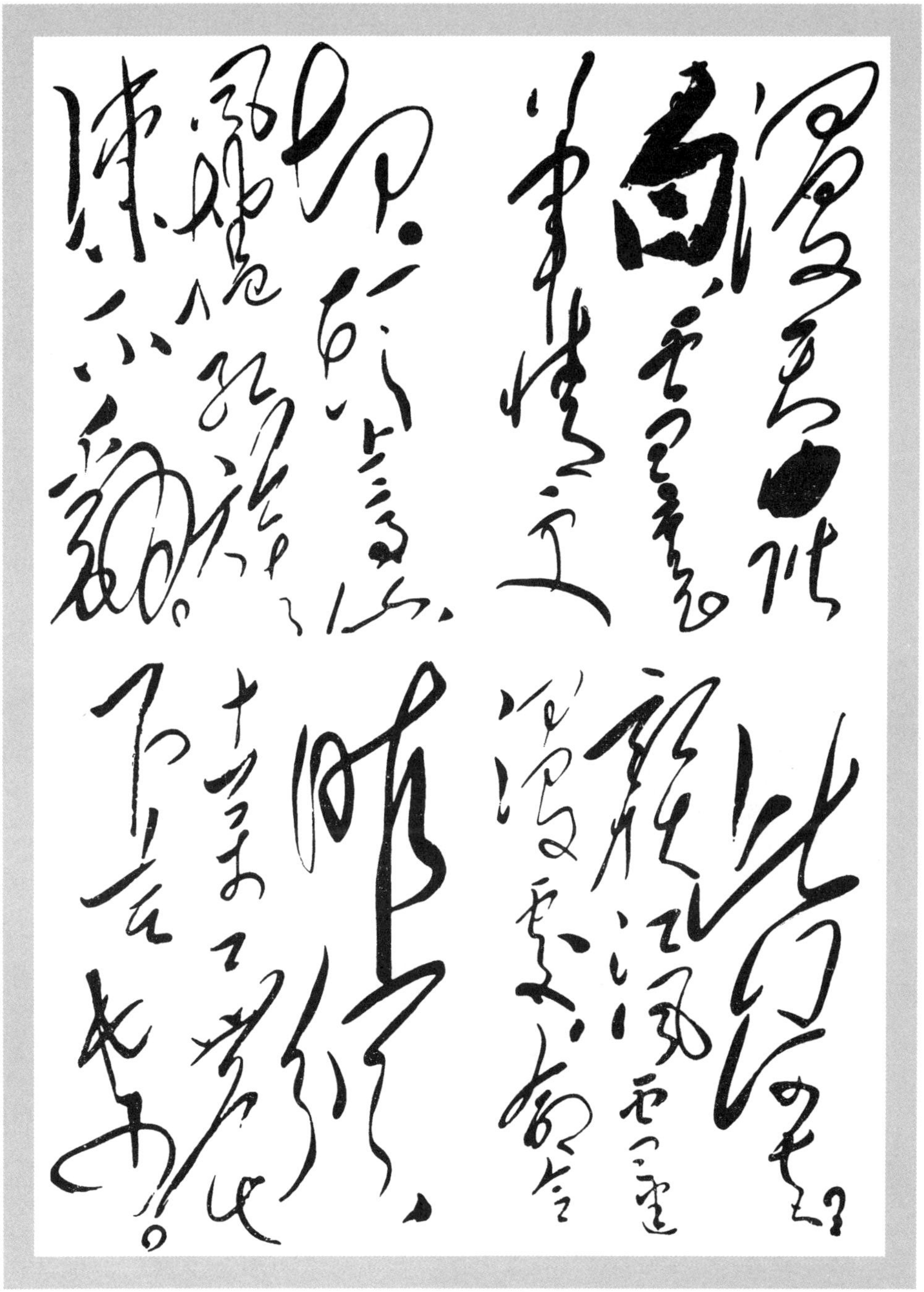

毛泽东《减字木兰花·广昌路上》：漫天皆白，雪里行军情更迫。头上高山，风卷红旗冻不翻。此行何去？赣江风雪迷漫处。命令昨颁，十万工农下吉安。

学习与训练

1929年下半年，我由独立团选调到红二十军训练队学习。红二十军的军长是曾丙春，和我同期的学员有从兴国县独立团选调来的钟人仿（新中国成立后曾任装甲兵副司令，已病故）。学习内容以政治常识为主，并兼学文化。我们先后读了几本“马克思主义浅说”小册子，听了一些有关苏联十月革命和苏维埃运动的政治时事报告。通过学习，基本懂得了什么是剥削、压迫、革命，什么叫阶级、阶级斗争，革命的最终目的是共产主义等政治常识，同时也学会认写了许多生字。

1930年上半年，我在红二十军训练队学习了三四个月，学习没结业，又和钟人仿一起，被选派到陂头红军学校学习。红军学校的校址在河东陂头，校长由李立三兼任，第二大队队长是陈奇涵。我和钟人仿以及一些年龄较小的红军战士，都被编入第二大队下属的“列宁少共青年队”，队长是曾隆福，他是泰和县梅山村人。红军学校的学习、生活条件十分艰苦，教学设备一无所有。我们学习和宿营都在山里，整天在深山、野外摸爬滚打。学习内容是以军事常识为主，同时兼学一些政治常识和文化知识。军事训练从稍息、立正等队列训练开始，到刺杀、射击、投弹等技术训练。经过半年的学习训练，使我们懂得了很多的革命道理，特别是通过正规的军事训练，使我们具有了一个革命军人必备的基本素质。

江西省苏维埃政府旧址——吉安陂头

1930年下半年，领导上抽调我到沙村特委党校学习马克思主义基本理论。党校校长由特委书记陈洪时兼任（他是留苏回来的，后来叛变了革命）。通过几个月紧张的学习、生活，使我受益不浅，思想水平和理论水平又有了进一步的提高。

回想起这一二年中比较系统的学习、训练生活，是令人难忘的，因为这是我参加革命后，所打下的最初基础。

开辟中央苏区的根据地

1931年至1932年上半年，中央苏区虽然在肃反运动中经历了一定的挫折，但在扩大红军，发展苏区，巩固政权，发展工农商生产，改善群众生活等方面还是卓有成效的。这样，就使得整个赣江东面沿岸线都得到了发展和巩固，为中央苏区和红军粉碎蒋介石的“围剿”打下了良好的基础。

1931年初，我从党校学习结束后，组织上派我筹组万泰特委东、浪、缝（即东沔洞、浪川洞、缝岭洞）临时工作委员会。这三洞长一百五十里，宽三十里，都通兴国县和赣州，地理环境十分重要。东、浪、缝临时工作委员会的主任姓匡（名字忘记了），我任副主任，委员会下设几个组。我们把工作委员会筹建起来后，肖克领导的红军独立五师从万安县、安福县开进了泰和县，我们马上随独立五师部队打进了东、浪、缝，并与独立五师紧密配合，做了大量的开辟工作。肖克对我们工作委员会十分重视和关心，他经常亲自参加我们的会议，指导我们的工作，和我们共同研究部署如何解放和开辟东、浪、缝的革命根据地。同时，肖克还从生活上处处关心照顾我们，帮助我们解决了许多困难，经常给我们送来粮菜，还送了几次水牛肉给我们改善伙食。总之，我们工作委员会和独立五师部队亲如一家，团结奋战，对整个东、浪、缝地区的解放和开辟工作，对巩固沙村地区，发展万泰苏区，起了决定性的作用。

我们同当地人民群众的关系胜似鱼水情。我们组织贫苦农民斗地主、打土豪，没收了地主的全部土地，打开了地主的粮仓、宝库，将土地、粮食和衣物分给受苦受难的贫雇农。还帮助农民建立起自己的武装，带领他们四处伏击，打得白狗子和土匪狼狈逃窜。我们仅仅用了不到半年的时间，就全部解放了东、浪、缝地区。广大农民为庆贺翻身解放，尽情地唱啊，跳啊，喧闹声、锣鼓声、口号声响彻云霄，昼夜不停。农民群众基本组织起来，建立了革命政权，革命士气空前高涨，“拥护红军、参加红军”的口号声深入人心。许多农民纷纷送儿送郎参军，并将分得

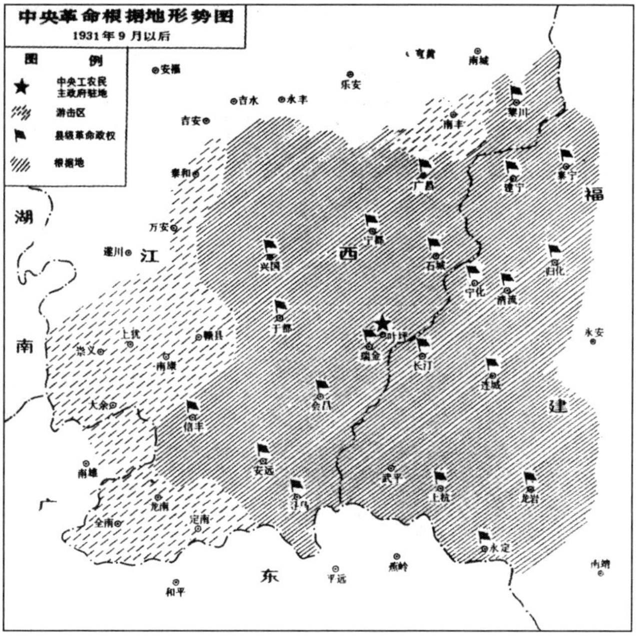

的粮食、衣物省吃俭用，尽全力支援给红军队伍，到处洋溢着一片“军爱民，民拥军”的热烈场面。

1931年底，中央万泰县委又将刘唐生和我派往冠朝地区，去做新的开辟工作。刘唐生任中共区委书记，我任少共区委书记。刘唐生到任不久，打AB团时出了问题，组织上决定由我接任中共区委书记，并兼任肃反委员会主席，由曾道发接任少共区委书记。当时和我在一起工作的，还有从独立五师派来的团长刘子奇，从万泰县委派来的组织部长胡加宾（新中国成立后曾任国家民委副主任）以及从河西来的邓典桃（新中国成立后曾任中央办公厅副主任）等。

冠朝地区紧靠赣江，江对岸就是马家洲。马家洲是一个集镇，交通方便，经济繁华，北通吉安、安福，南通万安、赣州，东临泰和，是敌人的军事武装重地。敌军经常派出小股敌人，到江东沿线和中央苏区进行骚扰破坏。敌军那时每天都要过江前来捣乱破坏，有时一天要来几次。我们区委驻地在大罔，有时也住冠朝小学等处，为了不遭敌人破坏，我们经常变换地点。我们区委身边只有一个独立营，我兼营政委。我们根据实情，对敌采取的原则是：你大股出动，我们快撤；你小股出动，我们狠打。我天天带着队伍东奔西跑，与敌军四处周旋，展开了灵活多变的游击战和运动战。我营所有干部、战士，在紧张的战斗和艰苦的环境中，没吃过一顿安稳饭，没睡过一次踏实觉，但大家毫无怨言，表现了革命者应有的英勇顽强的作风。

我们边战斗边深入到人民群众之中，开展了轰轰烈烈的扩红运动。使冠朝整个地区的工作局面很快全面打开，革命形势发展得又快又好。赣江东岸基本全部获得解放，吉安府地区，河东的苏区都连成了一片。中央苏区的革命根据地不断发展壮大，人民群众的革命热忱空前高涨，掀起了“踊跃支前，拥军参军”的革命热潮。仅仅三个月，光沙村地区就扩大红军近两千人，编成四个营，组成了一个团，上级领导指派我任政委，又派来独立五师的一个王团长和三十多名干部，负责将这些新参军的青年送到了兴国县的红军补充师，在那里举行了热烈的欢迎大会。我们完成了一切交接任务后，全面地进行了总结工作，大力表彰了先进，同时找到了不足之处。

由于我们开辟东、浪、缝和冠朝地区的任务完成得出色，成绩显著，党组织、红军部队和当地政府部门的几方领导十分满意，为了表彰我们的事迹，当地苏维埃主席曾吉祥、万泰县委书记陈洪时，独立五师师长肖克等领导，当即给予我们通报表扬，使我们受到了极大的鼓舞和鞭策。

中央苏区的肃反运动

1930年上半年，在赣西南地区的党、政、军中，开始有了“AB团”的影响，不久，就全面展开了大打“AB团”的政治运动。（据说，红一方面军仅1930年11月至12月，就打出了近4400个“AB团”分子）。许多地方都先后成立了肃反委员会，江西苏区的肃反委员会主席是李韶九，他当时是红一方面军总政治部的秘书处长。转到江西红二团工作后，与江西省行动委员会书记李文林等领导矛盾很大。当他取得了肃反大权后，给我们党的事业造成了不可弥补的损失。

1930年下半年，在江西省的陂头红军学校、红二十军、赣西南特委和富田、东固等许多地区，进行了大抓大杀“AB团”活动，很多县委领导被打成了“AB团”分子。当时表面上打击的主要对象是地、富、坏分子，但实际上抓杀的面很宽，许多党、政、军的好领导、好党员、好同志都被当做“AB团”分子抓杀了。李韶九上任中央苏区肃反委员会主席后，首先抓了江西省行委书记李文林。李是江西东固一带游击战争中的有名人物，我在1927年至1928年当秘密交通员和参加游击队时，经常听到人们提起他的名字，他在大家的心目中威望很高，是个敢打敢冲的英雄好汉，所以抓他很失人心。

11月7日，李韶九紧接着又带人到富田红二十军去抓其他领导人。红二十军的军长曾炳春，万泰县委的曾吉祥，地方党委的谢守杏，以及其他省、特、军三级领导同志段起凤、胡充、刘万清等都先后被抓杀。由此，更引起人们的强烈不满和怀疑。因为被抓杀的许多人都是党组织领导者和当地游击战争的创始人，以及革命根据地的群众领袖，他们中的大多数都是从大革命时期就投身于革命，并在革命低潮时始终坚持斗争的革命者，把他们抓杀了，必然使亲者痛，仇者快。当时采取的抓人办法是：在军队上列队点名抓，在地方上开会点名抓。抓去后，搞逼、供、信定案，到处充满了对“AB团”的抓杀声。据曾山说，李韶九仅到富田的短短日子里，就抓了一百人。

在赣西南整个地区，开展肃反运动，大规模地抓杀“AB团”，影响很坏，打击范围很广。许多地方把那些从红军中回来的人也作为“AB团”分子抓起来狠打，只要他们随便说出任何人的名字，不管有无事实，都一律抓来定案，继续搞逼、供、信扩大化。而且不光抓“AB团”，还抓什么“改组派”“社会民主党”“第三党”等等。就这样，许多地方都大乱起来。在赣江的东西两岸，许多地区都提出要集中大力开展肃反运动。从此，打“改组派”“社会民主党”，打“AB团”的运动逐步升级了，错打了数以万计的好党员、好同志，造成了人人自危、人心恐慌的艰险局面。在这种情况下，不满和对抗情绪不断增长，积聚已久的矛盾一触即发。由于错误地逮捕了中共江西省行委和红二十军的一些领导人，激起了红二十军的公愤，于1930年12月12日，终于爆发了震惊的“富田事变”。由红二十军某团政委刘敌和军政治部主任谢汉昌率领一个营持枪集体行动，在江西省行委驻地吉安富田，缴了警卫连的枪支，放出了省行委领导、红二十军领导和地方领导以及大批被打成“AB团”的成员，抓了红二十军军长刘铁超等。接着省行委决定一分为二，一部分在河东，一部分在河西，东西两部分矛盾很大。河东原是以东固、富田为中心，称为中央苏区，是毛主席、周副主席领导的。河西原是以吉安、泰和、万安为中心，称为白区，主要有我地下党的秘密组织，有游击队的活动，一直也是听从河东苏区中央局的领导的。省行委分家后，去河西的部分，想脱离河东的领导。红二十军也带领一部分人马过赣江到河西永新一带活动，脱离了中国工农红军总前委的领导（总前委是毛泽东和周恩来同志领导的）。这一起重大的事件，史称“富田事变”。

据《彭德怀自述》中记载，“富田事变”的领导机关是红二十军，事变的头子叫丛允中。事变后，丛允中马上仿造毛体字写出了三封挑拨离间的假信，派人分别送给了朱德、彭德怀、黄公略三人。给彭的信中大意是：要在审讯“AB团”中，逼供出彭德怀也是“AB团”，我们的事情就好办了。另有近万字的告同志和民众书，内容也是诽谤和攻击方面的。彭德怀以革命政治家的胸怀和眼力，及时识破了伪造文件的坏人妄图分裂红军、分裂党的罪恶阴谋。他立即写出了近二百字的宣言，揭露了敌人的阴谋，并派一个班将宣言和伪造信件立即送到黄陂总前委处。朱德同志收到假信后，也马上将信交给了毛泽东同志。第二天，彭德怀又将三军团开到黄陂附近，亲自请毛政委来三军团讲话，同时在大会上正式发布了红三军团的宣言。这样，就使坏人的挑拨阴谋彻底失败了。我党、我军在粉碎国民党第一次“围剿”的关键时刻，团结一致，共同对敌，使我军内部未遭受任何损失。而白军前线指挥张辉瓒却发生了错觉，他以为我们红军内部分裂了，迅速地将部队开进了龙岗，结果被我军一举全歼，使其全师覆灭，本人被俘，我军取得了第一次反“围剿”斗争的胜利。

“富田事变”发生后，在如何处理这一问题上，我党经历了四个阶段：

第一阶段，“富田事变”发生后不久，红军总前委认为“富田事变”是“AB 团”领导的反革命暴动。当时，总前委出了一张布告，散发范围很宽，张贴范围很广，布告的内容是：“段、谢、刘、李等逆，叛变起于富田。赶走曾山主席，捉拿中央委员。AB 取消两派，乌龟王八相连。打起红旗造反，实在罪恶滔天。我军旗开得胜，胜利就在明天。”布告中所指的段是段良弼，谢是谢汉昌，刘是刘敌，李是李白芳。中央委员是指易尔士，易尔士又名陈刚，是四川人。1930 年 11 月，一个以易尔士为首的三人中央代表团从上海来到江西省省委所在地富田，传达六届三中全会精神。代表团路过于都县桥头到达兴国县后，传达了三中全会精神和批判李立三错误的情况，又回到富田省委。没过几天，就被那里的“AB 团”分子抓起来了。

第二阶段，项英到苏区后，于 1931 年 1 月 15 日建立苏区中央局，由项英任代理书记，采取了党内解决的办法。中央局认为，根据过去赣西南党的组织基础，以及“富田事变”中的客观行动事实，不能肯定说“富田事变”是“AB 团”“取消派”搞的暴动，更没有事实来证明领导“富田事变”的全部人纯粹是“AB 团”“取消派”，或者说，他们都是自觉地与“AB 团”“取消派”采取公开联合战线来反党、反革命。另一方面，中央局也严厉批评了“富田事变”的领导人，说他们的作法是“分裂革命势力，分裂红军”的行为，是“反党的行为”。以项英为首的中央局采取了正确的解决办法，使当时那种大抓、大杀，搞逼、供、信，拷打“AB 团”分子的激烈做法稍有缓和。也使“富田事变”的领导人接受了项英同志的批评，遵照中央局的指示，到河东来开会，作检查，接受党的教育。

第三阶段，1931年六届四中全会后，王明篡夺了中央领导权，推行了一条“左”倾路线。他们派出的中央代表团到达中央苏区后，根据四中全会政治局对“富田事变”的有关决议精神，一致认为“富田事变”是“AB团”领导的反革命暴动，同时还把遵命到中央局开会的人抓起来，先后杀害了。7月间，在反“围剿”的紧急关头，总前委在桥头决定解散红二十军，并在于都平安寨将遵命东调的红二十军全部解散，并抓了军长肖大鹏、军政委曾炳春以及副排长以上的全部干部，大部分被当作“AB团”“取消派”受到处理。这次抓“AB团”是极为触目惊心的。

我还清楚地记得红二十军政委曾炳春的被害经过：“富田事变”后，曾炳春被李韶九一伙打成“AB团”领导骨干，李亲自带了一帮打手，将曾炳春绑去坐牢。在李的严刑拷打面前，曾炳春宁死不屈，既不承认自己是“AB团”分子，也不牵扯任何革命同志，表现了一个共产党员的骨气。最后，李韶九一伙对曾炳春用尽了各种重刑，直至将他的双腿打断了仍是一无所获。这帮人见他誓死不招供，就气急败坏地将他判为死刑。当这一判决报告上报中央后，中央对此事件十分重视，当即由中央红军总政治部主任王稼祥代表中央火速复电。电文大意是，曾炳春是有功劳的，不能杀！可中央的这一指示精神传达给曾炳春同志时，他正被人用担架抬着前往赴死刑的路上，他已被折磨得奄奄一息了。他听完传达内容后，只是强力地睁开了双眼，用微弱的声音坚决地表示：为了党的利益，革命的胜利，我决不下此担架！我愿用我的生命替革命挽回影响，让他们把我抬到刑场上去吧，革命者是不会怕死的！最后，曾炳春就这样被强行抬走。他的死，给红军队伍带来的是沉重的打击，给人民带来的是极大的愤慨。我们党内这一血写的事实，将永远告诫人们时时牢记！

第四阶段，1931年10月末，由毛泽东同志代理苏区中央局书记以后，才开始真正解决肃反中的问题。毛泽东同志接到中央8月30日的来信，按照中央的指示，立即下令各级党组织停止抓杀“AB团”。12月中旬，周恩来同志到达中央苏区任中央局书记后，采取了一系列果断的措施，首先进一步制止乱杀乱抓“AB团”的现象，并对中央苏区肃反中“简单化、扩大化”

的错误作了严肃批评，紧挨着又处理了苏区肃反委员会主席李韶九等人。1932 年 1 月 25 日，苏区中央局正式发出了“关于处罚李韶九的决议”，决议中明确指出了李韶九在肃反中所犯的严重错误，以及处理意见。这一决议很得人心，对纠正肃反中的问题起到了决定性的作用。各级党组织经过广泛的传达、贯彻中央局的决议精神，使广大的党员和红军战士都受到了深刻的教育。从此，中央苏区的肃反运动逐渐停止下来，有的地方虽然还打“AB 团”，但没有像开始那样大规模地乱抓乱杀了。许多地方逐步建立起司法机关，凡对犯人进行逮捕、审讯、处决，都要经过一定的组织手续了。由于毛泽东、周恩来的英明领导，才使苏区肃反运动中的问题得到了比较彻底的解决。

我对肃反运动的看法

1930年至1932年，我先后在陂头红军学校、赣南特委、泰和县的沙村区、冠朝区工作、学习，曾亲身经历了中央苏区的肃反运动，我既是参加者、领导者，又是执行者、受害者。我在冠朝地区任区委书记时，就曾兼任本区的肃反委员会主席。在这场肃反运动中，我和身边一起工作过的许多同志同样险些被当作“AB团”分子抓去打死。

记得当时我刚刚从冠朝区撤离，那里就开始大抓我们区委会工作中的“AB团”分子。上面派出一个团的兵力，围住整个冠朝地区来抓我们区委内的“AB团”分子。上级派到我地区帮助工作的胡嘉宾，由于他及时地从内部获得了可靠消息，才设法在乡亲们的掩护下，提前从冠朝跑出来，幸免于被抓杀。而那些未能提前撤出冠朝的革命同志，都被打成“AB团”抓杀了。胡嘉宾是1930年的第一任兴国县委书记，他的工作干得很出色，毛泽东同志曾赞扬过他，说他是模范的县委书记。这样的革命同志也被当成“AB团”来打，可想而知，这场肃反运动打击的范围极广。

我们亲身经历过这场肃反运动的人都切身体会到，在革命的紧要关头，进行肃反除奸固然重要，但这场大规模的肃反运动的确搞得太过火了，犯了简单化、扩大化的严重错误，它完全混淆了阶级阵线，以友为敌，使多少革命者含冤而死，这是我们党内早期搞极左路线的沉重历史教训！

党的十一届三中全会以来，在充分调查研究的基础上，总结了党内若干历史问题的决议之后，仍找不到能够证实中央苏区存有“AB团”“社会民主党”等组织的具体材料。据历史资料，在闽西苏区并不存在“社会民主党”，江西苏区虽然曾有过“AB团”组织，但那是大革命时期的事，它成立于1927年1月，是由国民党右派程天放等人秘密组织的反革命团体。1927年4月2日，方志敏等领导率领部队，捉住了程天放等人，冲垮了“AB团”组织，此后“AB团”就没有系统的组织作用了。这一情况，是1929年5月31日江西省委向中央的报告中写明了的。按当事人程天放、洪轨、王礼锡等人后来的说法，“AB团的寿命仅三四个月，AB团是空的，是七八个人的事情。”据在中央特科工作过的同志说，1930 年前后，敌人的情况我们基本上是掌握的，他们没有“AB 团”这个特务组织。此外，从我们所打的大批“AB 团”和“社会民主党”来看，除了依靠口供材料外，并没找到一个有确实人证、物证的“AB 团”和“社会民主党”分子，更没有什么组织依据。他们之中的许多人在审讯时，对于所谓“AB 团”或“社会民主党”的罪名虽供认不讳，但这完全是搞逼、供、信定案以及施重刑的结果。回顾 1932 年江西省委 1、2、3、4 月份工作报告中有关肃反工作的报告，那种种刑讯逼供之惨，即使过了半个多世纪，也不能不令人一叹！我们这些过来人，始终觉得不堪回首！

当然，也不能完全肯定说，赣西南地区在肃反中一个“AB 团”分子也没有。因为这个组织尽管解散了，但曾参加过这一组织的个别坏分子还可能存在，他们的影响也还存在，但个别残余还存在，决不能说成是“‘AB 团’建立了总部和在南京的各级组织，尤其在中央苏区和红军中发展到了很大的势力”等等（引自当时的说法）。

我们军队从建立起到 1930 年，已有二三年的历史，在这期间，经过了三湾改编、上堡改编，尤其是古田会议的整建和深刻影响，还经过了多次战斗的锻炼和考验，部队党的组织尽管有“左”、右倾机会主义路线的干扰影响，但大多数基本上是纯洁、巩固的，根本不会有那么多的“AB 团”。赣西南地区的负责同志和干部，都是在艰苦斗争环境中成长起来的，大革命失败后，他们尽全力保持、恢复与发展党的组织，在白色恐怖下，始终积极地进行着各种形式的斗争，多次领导了农民起义和暴动，在中央红军的直接或间接配合影响下，逐步建立和发展了许多革命根据地，最著名的东固山曾有“东井冈山”之称。红四军下井冈山，在敌军的围追下，首先是进到东固地区，在当地党组织和红军独立二、四团以及人民群众的掩护下，得到了很好的休息和充足的兵源补充，以及伤员的妥善安置，这样才使红四军能够顺利东进，转向赣南、闽西活动。这一切都充分说明，我们的东固地区是红军前进的基地，是有着坚实牢固基础的革命根据地。这样的根据地，是不会由大批“AB 团”分子来领导的。由此可见，在中央苏区大打“AB 团”是完全脱离现实的，也是违背历史发展的客观规律的。

搞这种大规模的残酷斗争，必然导致党的革命事业面临着一场严重的灾难，由乱打乱杀“AB 团”所引起的突出恶果就是“富田事变”。当时类似这样的事件常有发生，如有的县委受极左路线的影响，在召开群众大会时，下令烧光马路两边十里内的民房，引起了人民群众的强烈不满，大家一哄而起，当场杀死了主持会议的负责人。这些血的历史教训，都深刻地说明，如果人民内部矛盾处理不好，可以使矛盾激化，并向相反的方向转化。

对于“富田事变”应当如何下结论，这是我党需要解决的重大历史问题。我们在分析“富田事变”的性质时，要实事求是地从客观实际出发，而不能从主观想象和过去的定论出发。“富田事变”发生在第一次反“围剿”之前的紧急情况下，尽管它发生的原因有着一定的历史背景，但他们的这种作法，从客观上起到了分裂红军，分裂革命势力的作用，所以说，这是一次严重的政治错误。但能不能叫“‘AB 团’领导的反革命暴动”，这是需要重新考虑的。因为：

一、从当时前后的材料来看，没有发现有“AB 团”组织存在的根据，更找不出是“AB 团”发动“富田事变”的根据。

二、据历史资料的记录和当事人的记忆，事变后，被他们抓去的人居然一个没杀。如中央委员陈刚被抓后，既没有被这些人解送到蒋介石那里去报功请赏，也没有被杀。直到 1966 年初我去四川三线时，陈刚还前来看过我，我们在一起还谈论过当时的一些情况。所以说，“富田事变”的详情是完全可以搞清楚的。

三、“富田事变”后，虽然他们将红二十军一部拉到河西，脱离了总前委的领导，但他们在离敌占区吉安等地只有几十里路的有利情况下，并没有投向敌军，而是继续同敌人展开斗争。他们同其他红军部队及独立师、团一起，打了好几个胜仗，消灭了大量的敌人。

四、他们接受党的批评教育后，遵照中央指示来河东开会，并在会议上向党承认了错误。

五、段良弼到上海向党中央申诉时，见到了中央机关的负责人博古、任弼时等同志，可他并没有向国民党告过密，也没有进行任何破坏活动。

综上所述，“富田事变”不是“AB 团”所领导的反革命暴动，也不能说凡参加事变的人都是“AB 团”“取消派”，他们中的绝大多数是受欺骗和蒙蔽的。我们在分析问题时，一定要把“大多数人”和“个别人”区分开来，在评价一个问题的发生原因及性质时，不能孤立地、片面地去观察，而要把它的前因后果有机地联系起来，进行全面的辩证分析，要尊重特定的环境和客观的条件等历史事实，只有这样，才能对“富田事变”作出正确的结论。

到国家政治保卫局

1932年底至1933年初，我被派往瑞金国家政治保卫局高级保卫训练班学习。保卫局局长是邓发，训练班的主要负责人是汪金祥（汪当时是国家政保局侦察部的副部长，新中国成立后曾任公安部副部长）。我们同期的学员有刘海兵等。学习时为三个月，内容是保卫工作业务。上课时，主要请有保卫工作经验的领导同志任教，同时也利用一些有关被俘犯人给我们讲业务常识。学习期间，党中央领导对我们训练班十分重视关心，毛泽东、王稼祥、邓发、李克农等中央首长常来给我们作指示和报告，主要讲党的路线、方针、政策，讲敌我形势和保卫工作的任务、性质，及具体的工作方法，还讲保守机密、遵纪守令等基本常识。通过学习，对我的启发教育很大，使我第一次真正认清了保卫情报工作在党的事业中所处的重要位置，我开始对保卫工作产生了深厚的感情，这就为我今后从事几十年的保卫工作打下了坚实牢固的基础。

在国家政保局高级训练班毕业后，组织上分配我到整个后方医院的保卫局秘书科任秘书、副科长。局长是蔡书彬，他是留苏回来的，工作经验很丰富，我们一起工作时，所处关系很融洽。

同年，组织上又派我到松山区红军总医院、红军卫生学校任特派员主任，主要负责总医院和卫校的保卫工作。我在这两个单位建立了秘密工作网组织，组织里的秘密工作网员都是直线归我负责，横线之间无联系。如总医院某所的党支部书记邓典桃和卫校特科的政治指导员袁升平等都是我的秘密工作网员，我们在一起工作时，关系密切，齐心配合，工作干得十分出色，直到长征后，我们才分手。

当时总医院的院长兼政委姓王（名字忘记了），他是湖南人，也是留苏回来的。卫校的党委会副书记是周越华，校长是陈义厚。陈义厚是第一次反“围剿”中俘虏过来的，后来又叛变了革命。教务主任是王彬，教员有孙毅之、李治等。王彬、孙毅之、李治三位同志都是在第一次反“围剿”战争中由白区过来的医务人员，当时在卫校表现最好的是李治。李原是国民党部队的医生，是个知识分子，被俘后让他在卫校任教，他服从分配，工作积极肯干，经常及时向我们反映一些内部情况，后来他在革命队伍中锻炼成长很快，被提升为某部队的卫生部长，为革命作出了应有的贡献。

我到总医院和卫校工作后，形势发展很快，卫校和总医院不断扩大，学生和伤病员增加很快，特别是这两个单位的工作人员成分十分复杂，工作难度较大，加上医院的重伤员多，俘虏伤员多，高级干部伤员多，使保卫任务更为艰巨。

记得1933年，在第四次反“围剿”中，中国工农红军总政治部主任、中央军委副主席王稼祥因遭敌人的飞机空袭，肠子被炸断，另有几处均负重伤。当时组织上立即作出决定，将他送往后方的红军总医院治疗。国家保卫局为此召开了紧急会议，决定指派我专门负责王稼祥的住院安全，这就使我们保卫工作的责任更重大。我们及时地召开了保卫工作会议，研究部署了各种确保安全的具体措施。王稼祥的住地是我亲自选定的，地处卫校校部和总医院院部之间的一个池堂里。池堂里面有个大天井，周围走廊很宽，空气环境很好，几面的屋墙很高，大门是用石头垒起的方牌门，屋内还挖了一个十分坚固的防空洞。住房的四周没有树木，全是稻田，便于瞭望，利于保卫工作。我们在王稼祥的住地里外层层设明岗、暗哨，晚上派部队武装巡逻，白天派便衣暗地持枪里外保护。还对所有给他治病的医护人员加强政审，并派有便衣，加入医护人员之中做医护保卫工作，尽量限制不明底细的伤病员、工作人员与王稼祥接触。对王稼祥所用的所有医药用品、食品加强检验，严格把关。一次，混进医院的特务分子设法在王稼祥专用的针剂中下了毒药，由于我们坚持了严格的检验制度，在注射前及时地查出了此事，避免了一起重大事故的发生，确保了王稼祥的人身安全，直到长征时，他安全地离开了总医院。

在当时那样复杂的战争环境下，尽管国民党特务千方百计地企图制造事端，暗杀王稼祥，但由于我们的保卫工作做得深入、细致、扎实，使敌人的破坏阴谋始终未能得逞。我们这一阶段的保卫工作，受到了保卫局局长蔡书彬的表扬。

1933年10月，蒋介石不甘心前四次“围剿”的失败，又调集一百万兵力、二百架飞机对革命根据地开始进行大规模的第五次“围剿”，并以五十万兵力分四路重点进攻中央根据地。当时我军在中央根据地的兵力仅有十万人，这是五次“围剿”中最残酷的一次斗争。由于王明篡夺了中央领导权，推行一条“左”倾的路线，极力反对毛泽东同志提出的粉碎敌人“围剿”的正确方针，使我军遭受了很大损失，前后方形势都十分紧张。前方的红军苦战一年没能打破敌人的“围剿”，后方的地、富、反分子乘势兴风作浪。有的被俘人员开始动摇，有的不坚定的革命者情绪低落，有的落后群众对革命产生了怀疑和失望，这些不利因素使后方的局面一片混乱，部队内部开小差、逃跑的现象不断出现，各种各样的反革命活动常有发生。这样给我们的侦破工作带来了一系列极为复杂的问题，使我们的保卫任务极为艰巨而繁重。我们始终处于战时的紧张状态中，及时地调查、处理各种各样的案件，揭露敌人的阴谋，打击反革命分子的破坏活动，稳定部队的动乱情绪，用事实教育广大人民群众。

如卫校的校长陈义厚，趁革命的紧要关头，对革命表示不满，他暗地活动，收集了一些被俘人员和落后的教职人员企图持枪集体逃跑，被我们及时发现后，当即采取了果断措施，秘密没收了陈义厚的枪支，并派专人对他进行看管，制止了这一“反水”事件的发生。后经查，他组织这次逃跑的目的，是想叛变革命，重新回到国民党队伍中去，我们查清了他的罪行，将他交给有关部门作了处理。

我们在保卫工作中，注意掌握政策，对待各种问题做到具体分析，区别对待，凡能教育好的同志绝不推向反面。如卫校的教务主任王彬，被俘后一直表现不大好，他对国民党部队还有所留恋，经常公开骂共产党、红军不好，对卫校工作消极怠工，不负责任。面对这一情况，我们没有简单地将他处理掉，而是根据党的宽大政策，对他进行耐心的教育改造。我们一方面经常让有关领导和他周围的同志找他谈话，向他宣传党的路线、方针和政策，用事实教育改造他；同时，也对他提高警惕，严防混乱中出现意外。最后在开始长征前，还专门研究讨论了是否带他一起长征的问题，经分析讨论，认为他还是有希望教育好的，就让他随部队一起参加了长征。此后，他在革命队伍中得到了改造和磨炼，对党，对红军、白军，对自己都有了新的认识。他决心永远跟着共产党革命到底，用实际行动为我军的卫生工作做出了贡献，并在红军队伍中成长为一名革命战士，后被提升为某部队的卫生部长。

1934 年，整个中央苏区被敌军占去了大部分，完整的苏区县城只剩下瑞金。在形势紧急，任务繁重，反革命活动到处猖獗的情况下，我们边参加战斗，边加强保卫工作，为确保红军总医院和卫生学校全体人员的安全做了大量的工作。我们随时派出侦察人员，及时掌握敌人的动向，每当敌军来时，我们一获消息，马上组织总医院和卫校的工作人员、伤病员以及当地的人民群众及时转移、隐蔽。当敌军一撤走，我们又组织大家立即返回村庄，将重伤员安顿在老百姓家里养伤，将轻伤员组织起来，带领人民群众坚持白天支前，晚上生产。同时我们部队也经常外出破坏敌人的桥、路，打一些小规模的伏击战。

三、跟随党中央、毛主席长征
(1934—1935)

突围转移

1934年10月，由于王明“左”倾教条主义的错误领导，中央根据地的广大军民浴血奋战一年，也未打破敌人的第五次“围剿”。面对中央苏区形势的急剧恶化，掌握红军最高指挥权的博古、李德等，在战争指导上由单纯防御的军事保守主义变为逃跑主义，仓促决定放弃中央革命根据地，实行中央苏区全面转移。

10月中旬，我们红军总医院和卫生学校突然接到上级命令：立即集结到瑞金，进行突围转移。当时我们并不知道转移的路线方向，更不知会是二万五千里长征。中央当时的意图是想转移到湘西，去和二六军团会合，所以这次突围行动，并不能称为长征，而是称为“突围转移”。

我们接到上级紧急命令后，来不及在广大干部战士中进行政治动员和必要的准备工作，只是匆忙地决定了走与留的人员名单，将走的人员重新组织编制。当时人心混乱，战局不稳，工作很难做。我们把卫校的几百名学员教员工作人员全部按军事编制，组成了担架队、运输队、看护队、救护队、教育队和休养所等。转移工作最难做的是红军总医院，首先要将伤势十分严重的伤病员分散地安置在农村的老百姓家中。大多数老百姓家里一贫如洗，都是吃了上顿愁下顿，过了今天没明天，根本无法收养伤病员。他们直爽地说：“我们难哪！收下了弟兄兵，也会把他们冻死饿死的。”还有的胆小怕收养红军受牵连，所以也不敢收伤病员，特别是外地的红军战士，他们更不敢收。因一旦被国民党、民团发现，就要连同全家人一起被杀光、烧光。所以老表们老远一见我们抬着伤病员来了，就赶紧把门关得紧紧的，怎么敲也敲不开。我们就这样抬着重伤员在各村东奔西跑，很难找到安置收养他们的可靠地方。这对伤病员的打击很大。他们有的哀求着说：“请一定把我带走，只要让我跟着大部队走，哪怕是病死饿死我也心甘情愿。”有的苦喊着：“我生是红军的人，死是红军的鬼，千万别把我们撇下喂白狗子。”还有的伤势很重的伤员，他们想喊无力喊，想动无法动，他们嘴唇不停地颤动，从肺腑发出了阵阵微弱的声音。他们深感自己跟着大部队走只是累赘，留在老百姓家里不是连累百姓，就是到白狗子那里去送死。他们感到自己的命运已无法改变，没有前途和希望，最后有的绝望了，就在担架上自杀身亡。当我们亲耳听到这心的震憾声时，我们的心也随着颤抖着，面对这残酷的现实，我们的党团员灵魂深处都淌满了血。我们就是在这种极端困难的环境下，发动骨干抬着重伤员跑遍了各村的家家户户，最后终于将几十名重伤员妥善安置在一些觉悟较高的老百姓家中。这样我们一直悬着的心灵也总算得到了一些安慰。

在安置伤病员的同时，我们还要组织大家紧急伐竹绑担架，并动员大批当地的老表前来抬担架。我们挨家挨户地宣传动员，从早说到晚，日夜奔波不停。最后真可谓跑断腿，磨破嘴，才算完成了这些繁重的任务。

紧接着，我们又全力投入了全院人员的组织编排工作。总医院除了干部医护人员和刚刚召集来的抬担架的民工外，主要成分是儿童、妇女、青年人、病员、伤员这五种特别人员。根据这种特殊情况，我们编成了干部连（工作团）、干部休养连、妇女连、运输连、担架连等。像董必武、谢觉哉等五六十岁的革命老同志都是干部休养连的成员，也是我们总医院主要的革命力量和重点照顾对象。他们在长征途中，始终跟随大部队一起前进。每当形势最紧张、最困难的时刻，他们总是以身作则挺身而出，竭尽智能，起到了革命队伍中的核心作用，表现出非凡的刚毅，不愧为久经锤炼的钢铁战士。他们无论走到哪里，都像一团燃烧的熊熊烈火，时时温暖着每一个红军战士的心。他们最爱给大家讲革命故事，讲战斗经历，教大家唱歌，读快报，鼓舞大家的斗志。他们用自己年迈的双腿走完了举世闻名的二万五千里长征。他们用自己模范的行动，为人民谱写了一曲曲动人的“革命老战士之歌”。他们永远是我们党的骄傲，也是我们红军的骄傲！

在我们红军总医院中，还有二十多名女红军。她们大多是中央领导同志的爱人，像花秀英、李伯钊、刘彩香、邓六金、王金玉等等。这些女红军是中国妇女的革命先驱，在她们身上凝聚着中国妇女勤劳、勇敢的美德，她们冲破封建社会的沉重桎梏，冲破了家庭的种种束缚，勇敢地投身于革命。在长征途中，她们除了要和男同志一起行军打仗，还要照顾伤病员和

红军医院的女护士

娃娃兵的吃喝住行，以及组织管理抬担架的民工。她们除了要做大量的艰苦、细致的群众工作外，还要付出繁重的体力，和民工一起抬担架。每到宿营地，她们顾不上休息，不是给伤病员换药喂饭，就是忙着拆洗绷带。稍一休息，还要搂着几个娃娃兵给他们唱歌、讲故事。遇有敌情，她们柔软的双手又迅速地握上了枪支、手榴弹，勇猛杀敌，从不手软。她们吃苦耐劳的承受力在许多方面都超过了男同志，她们同样是中国革命的象征，红军的骄傲！

总医院里除了革命老前辈和女红军，还有许多年岁很小的儿童。他们大多数父母双亡，在家无依无靠，四处流浪，还有的是父母被迫卖给地主老财，他们忍受不了非人的虐待，偷着逃出来投奔红军的。他们从小在苦水里泡大，参加红军后饱尝了大家庭的温暖，父母般的慈爱，所以无论让他们干什么工作都乐意接受。他们在我们的队伍中有时像快乐的小天使，有时又像淘气的娃娃兵，总给大家带来一些欢乐。他们的主要任务是护理伤病员，要给伤病员找住宿，找门板，要抢在大部队到达前做好安置伤病员的准备工作；还要跟着红军妈妈一起给伤病员打水、洗脸、洗脚、喂饭、换药、洗绷带等。有时为了找点水，找块铺板，他们要四处奔跑；有的跑迷了路，就再也没回来；有的晕倒，饿死在途中；还有的没完成任务，就哭着鼻子、抹着眼泪回来了。这些娃娃兵的所做所为大大地超过了年龄的负荷，他们幼小的心灵里，同样燃烧着革命之光，他们是红军队伍中不可缺少的组成部分。总之我们红军总医院和卫校的突围转移，就是在这种残酷的混乱情况下，组成了浩浩荡荡的庞大队伍，随身携带着大大小小的瓶瓶罐罐，怀着极为沉重的心情告别家乡的父老乡亲。

开始我们从原驻地杜山区开到几十里远的瑞金，再从瑞金统一编队，跟随大部队一起经过了于都河。当时到处是炮火硝烟，死尸遍地，战友们的鲜血已染红了于都河水。离别时，我们这些土生土长的江西老表，边走边流泪，有的甚至与家里人抱头痛哭。我们对家乡的每一片土地太熟悉了，对家乡的每一个亲人感情太深了，我们怎能舍得离开这片土地，怎能丢下亲手开创的中央苏区。我们深知，这一走不知要走多远，也不知何时才能回来。我们从感情上对这次突围转移实在是想不通，但迫于形势，也只有这一出路，唯一的精神安慰，就是大家还抱有个共同的信念："尽快地杀回老家来，和家人团聚，夺回我们失去的革命根据地，解放受苦受难的父老乡亲。"

在红星纵队司令部

转移时，我随红军总医院、卫校出发不久，部队统一整编，我被编入军委纵队红星司令部任特派员工作。当时中央机关编为两个纵队，第一纵队代号为“红星纵队”，是中央首脑机关，毛泽东、周恩来、朱德、王稼祥、博古、洛甫、李德等领导同志以及邓颖超、康克清、蔡畅、贺子珍、刘英、刘群先、廖施光、杨厚增八大姐都编在这一纵队，干部团、电台也编入这一纵队，所以它也是总指挥部。第一纵队的司令员是叶剑英，政委是叶剑英兼，参谋长是钟伟剑。中央第二纵队代号为“红章纵队”，由党中央机关、政府机关、后勤部队、卫生部门（总医院、卫校）、总工会、青年团等组成。第二纵队的司令员兼政委是罗迈（李维汉），副司令员是邓发，参谋长是张宗逊。

长征初期，中央一、二纵队在中间，一纵队在前，二纵队跟后，由彭德怀带领的三军团在中央纵队的右边。由聂荣臻、林彪带领的一军团在中央纵队的左边。其后是罗炳辉、蔡树蕃带领的九军团，由赵传生、董振堂带领的五军团担任后卫。几个主力军团主要起着保卫中央纵队的作用，这样把作战部队变成了保卫掩护队，极不利于机动灵活地打击敌人，致使我军行动迟缓，处处被动挨打。我们整个红军部队于1934年10月下旬，突破了敌人在江西信丰到安延一带布置的第一道封锁线，占领了新田、白石圩、古坡圩等地。11月初又突破了敌人在湘粤边境的城口、汝城之间布置的第二道封锁线，以奇袭的方式夺取了城口。11月下旬突破了敌人在粤汉铁路沿湖南、广东一线布置的第三道封锁线，占领了宜章城。11月底突破了敌人在金县、兴安一带布置的第四道封锁线，后渡过了湘江，越过了湘桂路。

在“左”倾教条主义的领导下，我军指战员虽然英勇善战，一次又一次地冲破了敌人依靠无数个“乌龟壳”以及四十多万大军围追堵截布下的四道封锁线，但是我军也付出了极为惨重的代价。从中央苏区突围出来的八万六千人，折损过半仅剩下三万多人。我们亲眼见到无数革命战友在战火中流血牺牲，特别是有的团甚至有的师为了掩护中央纵队的突围，不惜付出一切代价，一直战斗到弹尽粮绝，最后大部分壮烈牺牲。这一血写的历史，使我们深刻地认识到“左”倾教条主义路线给革命造成的严重恶果，我们将永远记住历史的沉痛教训。

我在红星纵队司令部任特派员工作，主要负责中央领导同志的保卫工作。我的直接领导是保卫局长兼军委纵队司令邓发和蔡树彬。红星司令部只有我一个特派员。下面各纵队、各军团均有我们的特派员和工作网员。当时“左”倾教条主义路线在红军中占了统治地位，搞得人心混乱，再加上几十万敌军的围追堵截，而我军却像大搬家似地带着所有笨重物品硬是往敌人设下的一道道封锁线去强攻，遭受了极为惨重的损失。沿路上到处躺着牺牲的战友，他们的鲜血与扔下的大量物品混合在一起，形成了一个极为悲壮残酷的战斗场面。在严酷的事实面前，我军各种各样的问题随之出现，许多江西的红军见离家越走越远，而且仗越打越惨，也搞不清部队前进的方向、目标，以及中央决定突围转移的意图，所以思想上波动很大，有的甚至闹情绪不愿意这样盲目地走下去，想立即掉转方向，重新杀回老家上山打游击。特别是那些被俘人员中的问题更多，有的赖在地上不愿意再走，有的轻伤员也装着走不动，还有的干脆开小差逃跑。面对这种混乱局面，我们特派员的工作任务很繁重，工作对象很多，牵涉面很广。我们实行的是三权鼎立制，特派员权力很大，单线联系，采取的工作方法是“向心性—离心性—上降性—下降性”，从上到下全有我们的注意对象。如有的工作对象是伤病员，他们思想上严重动摇，对革命怀疑失望甚至敌视，采取种种手段借题发挥，死赖着不走或非让用担架抬。在那样紧张的战争环境下，没有时间去做深入细致的政治思想工作，一些人民内部矛盾刹那间就可突变为敌我矛盾。有的半路开小差的红军只要一跑到白军那里一下就成了敌人。当时保卫工作中“左”倾路线的干扰也很大，所以打击的面很宽，处理的人也很多，实际上有些人是属于推一推就过去，拉一拉就过来的人。我们有的特派员只是简单行事，好像处决一个动摇分子就等于卸掉了一个大包袱，纯洁了红军队伍。

我在司令部工作，任务就更为艰巨。因周围全是重要领导人物，既要防内患，又要防外患，随时都必须保证中央领导的绝对安全。特别是对于内患问题，要更为细心、谨慎、胆大、沉着地应付一切，严格把好各个关口，稍有偏差就将影响全局利益。所以对于高级领导干部中的工作对象，既要随时了解掌握他们的一切动向，又不能让他本人有任何察觉，更不能对他们轻举妄动。这就对我的工作提出了更高的标准和要求。我每天都要四处活动，司令部的每一个角落都必须经常走到。对于中央每一个领导同志的一切情况必须随时了如指掌，发现任何不安全因素必须及时处理，稳妥解决。回想起当时的保卫工作，可以说无时无刻都在高度紧张中度过的。

毛主席让我给邓小平找马

我在司令部工作期间，始终跟中央领导同志一起行军打仗，曾亲眼见到中央领导同志在长征路上是如何工作和指挥行军打仗的。中央主要领导同志每人都备有一副担架和一匹马，他们在行军途中经常骑在马上或躺在担架上商量、部署工作。他们睡觉一般也是在行走的担架上，每到宿营地就无法睡觉了，中央领导们抓紧时间研究作战部署。每当夜深人静时，也是我任务最紧张的时刻。

毛主席经常几夜不睡觉，点起他的那盏小马灯，随手拿出他身边携带的书本或文件，不停地看，不停地写，不停地开会，要不就是四处走走看看干部、战士和伤病员。我每晚都守卫在中央领导的身旁，严防一切事故的发生。一次中央领导在屋里开会，我在外面巡逻，实在困极了，就不知不觉地倒在墙角睡着了，醒来后发现我已躺在毛主席的担架上，身上盖着毛主席的衣服。主席仍在那盏小马灯下写文章。我赶紧轻手轻脚地爬起来，把衣服披在了主席的身上。主席这次没有责怪我，只是心痛地说："会已经散了，他们出去时，见你倒在墙角睡着了，就把你抬了进来，看我们把你也熬垮了"。我感动得热泪盈眶，连连说："不，不，是我不好，没有坚守岗位，执行任务。"主席说："再睡会儿吧，天亮我叫你。"我说："我睡醒了，主席，你也该休息休息了。"主席说："好，我马上就睡，还有一点儿，我就写完了。"说完他又伏在桌上继续写，我给主席倒了杯热水放在桌旁，就到外面继续执行任务。主席的那盏小马灯又整整亮了一夜，毛主席在艰难的长征路上就是这样夜以继日地工作着。

中央领导同志十分关心下级，我经常亲眼见到毛主席、周恩来、朱德等中央领导把自己的马让给伤病员骑。毛主席对我军的每一个干部战士都非常关心。他有一个习惯，每当到达宿营地时，他总是把我叫来，详细地询问，今天的行军人到齐了没有，有多少掉队的，在各道口留人了没有，有什么意外情况等等，还反复告诫我，这些工作天天都要做，时时都要掌握，我们红军队伍多一个人，革命就多一份力量啊！一次，我向主席汇报说：

红军时期的邓小平

“今天在村口接到了几名伤病员，其中胡嘉宾同志的伤势较重，因他的腿在负伤后，基本残废，靠一条腿行军很困难。”主席听后说：“胡嘉宾我知道，他是个模范的县委书记，你马上把我的马给他牵去。”在长征路上骑过主席马的不止胡嘉宾一个人，邓小平同志也骑过毛主席的马。

邓小平同志原是红七军团政委，他离开苏区，是奉中央的指示到上海汇报工作的，王明却说邓小平是逃跑路线。小平同志从上海回来后，红七军团整编，受王明的迫害，被解了职，派往总政治部担任总巡视员。长征途中，他经常和红星司令部（番号独立房子）一起行军。到了贵州，小平的牲口摔死了，走了几天，小平的脚肿了，行走极为困难，当时敌人对我红军主力部队围追堵截，部队日夜兼程地行军、打仗。在这种情况下，一匹马则意味着生存、前进，没有马则意味着掉队、死亡。毛主席发现了这个情况后，派卫士长找我说：“小平的马摔死了，让肖特派员到骑兵连给小平找个牲口送去。”我赶到骑兵连，本想找匹好马给小平骑，但挑出几匹后我又不太满意，因马的耐力不如骡子。另一方面，小平同志身材不高，脚又肿得厉害，而好马都是又高又大，上下有困难。所以我又放弃了选好马的念头，特地精心地挑选了一匹矮小的好骡子给小平送去。小平见我牵了一匹骡子来了，很高兴。他围着骡子前后左右看一圈，又看了看骡子的腿、蹄子，他很满意，感激地对我说："高贵，你可做了件好事，给我找了一匹这么好的骡子。"我连忙说："不用谢我，是毛主席派我找牲口给你送来的。"小平听后很激动，连连点头，让我一定转达他对毛主席的谢意。事后我向主席汇报说，送去的不是好马而是骡子时，当时主席脸一沉，严厉地问我："为什么不送好马？"我说明了原因，主席又转怒为笑，连连夸奖道："好，想得好，做得对，我满意。"这件事当时对我的感触很深，我从毛主席和邓小平对我的言谈话语中深深体会到他们之间的深厚真挚感情。几十年来，我始终对当时的情景难以忘怀，我怎么也没想到经过四十年后，小平同志对此事同样记忆犹新。

那是在 1975 年，小平同志当时还未出来主持中央工作。他从江西回北京后，住在花园村。二野胡嘉宾等几位老同志去小平家里看望他。小平同志掰着指头点着二野的一些老同志的名字，询问大家知道不知道他们的情况。当他点到肖赤时，就问胡嘉宾："肖赤怎样了？他现在在哪里？我真想见见他。他长征时就曾救过我，解放战争时又同咱们一起从北打到南。"胡嘉宾就把我的情况向小平汇报了一下。小平听说我还健在，连连点头说："好，好，请转达我对他的问候。"

当天晚上，许光达的爱人周靖华来电话告诉我这一会见情况，我听后心里很激动，深感小平同志很重感情，自己危难之际还一直记着我们。第二天上午，小平同志警卫处长又给我们打来电话，转达了小平同志想见我们的意见。当天我和我爱人孙克就赶到花园村，叩响了小平同志的家门。刚一进门，小平同志迎上来和我们亲切地握手，并高兴地说道："哎呀，肖赤！你好！你们终于来了，我们老朋友又见面了。"说完就把我们往屋里让，对卓琳讲："把我的好烟拿出来给肖赤抽。"后拿出四五种牌子的香烟，又热情地把我们让到沙发上。胡嘉宾当时和我一块去的，坐下后，我对小平说："我们已经十来年没见面了，国家受难，我们都遭了殃，真没想到你还一直记着我们。"小平说："我哪能忘了你这个老伙计，四十多年前我们在长征路上就相识。那时，你在军委司令部当特派员，我被王明解了职。在我最困难的时候，你给我送骡子来，救了我一命。你可做了件好事啊！”我说：“这么点小事你还一直记在心上。其实当时是毛主席让我给你送的，要记还是记毛主席的恩吧！”小平点点头说：“我都记，谁的恩我都不会忘的。毛主席过去尽做好事，到了晚年做过好事，也有过错，不过总是功大于过的。”

紧接着，小平同志给我们讲了他在“文化大革命”中的许多经历，其中说：“我在北京时没吃亏，因毛主席、周恩来一直保护我。到了江西，林彪、江青、康生一直整我，不给我行动自由，整天把我关在一个院子里，与世隔绝，每天只能出小门，不能出大门。每顿饭一菜一汤，伙食很差。不过这些都没什么，我们是打过游击吃过苦的，什么都不怕。过去干革命几天没有饭吃我都能挺过来，现在天天都有这一菜一汤，我觉得相当满意了。唯一使我感到难以忍受的是政治上没有自由，不给书报看，不给广播听，不许与外人接触，对外消息一律封锁，使我深深感到精神上的苦闷。”在整个谈话过程中，小平同志对自己近十年来如何被关押，如何挨批斗并未抱怨什么。可是他坚持一条，就是历史会对一切作出公正的回答。他说，总有一天党和人民也会作出正确的结论，由此充分看出一位老革命家的胸怀。他最后还说道：“‘文革’中我痛心的是我大儿子被坏人从楼上摔到楼下，留下了终身的残废，至今仍在 301 医院治疗。”谈话中小平同志和卓琳还详细询问了我们一家的情况。这次会见充满着亲切、友好的情谊，凝结着小平同志对我们无微不至的关怀，使我们终身难忘。

遵 义 会 议

1934 年初，部队进行大整编，我被调到干部团任二营特派员。

干部团是红军长征中首脑机关的警卫部队，主要担任保卫党中央的艰巨任务。干部团是在中央苏区的红军学校、步兵学校、教导队和其他军事学校的基础上整编的。这些学校的学员都是从部队选调来的连排以上干部，他们身经百战，经受了血与火的锻炼和考验，是一支作风过硬，敢打善战的战斗队伍。敌人称干部团是神兵铁将老虎团。干部团的团长是陈赓，政委是宋任穷，特派员是周兴，参谋长是周士第，政治部主任是莫文骅。干部团编制为四个营和一个上干大队。上干大队是团师以上干部，大队长是肖劲光，四个营是排连营干部，一营是通讯联络参谋营，营长是李荣，政委是刘道生，特派员是刘德胜（江西兴国人）；二营是军事干部营，营长姓王（名字忘记了），是个大个子，参加过宁都暴动的，政委是苏振华（苏振华后来调往彭德怀领导的三军团任团长，由苏启胜接任），特派员是我；三营是政治干部营，营长是林芳英，政委是罗贵波，特派员是龙有民（湖南人，他当时不是在三营就是在四营任特派员）；四营是工兵干部营，营长是韦国清，政委是丁秋生。当时部队的编制是从苏联学来的三权鼎立，即由营长、政委和特派员组成的权力机构。

我们二营共有三个连。一、二、三连是一营，四、五、六连是我们二营，营部分工我重点负责四连的工作，苏振华和王营长分别负责五连和六连的工作。我在二营时，随四连行军打仗的次数最多。四连的连长是肖应棠，他是陕西长安人，是个知识分子，能说会写，解放战争时期我和他都在华北兵团，他在兵团当旅长，政治指导员是郭林祥（现任军委总政治部副主任）。

1935 年 1 月 4 日强渡乌江，6 日打下了遵义城，15 日至 17 日召开了遵义会议，一致推选毛泽东为政治局常委。取消了博古、李德最高军事指挥权，由周恩来指挥军事。随后根据会议精神，常委分工，张闻天代替博古负党中央总的责任。后来又组织了毛、周、王（稼祥）三人指挥小组。

攻打土城

遵义会议后，中央确定向四川进军。1月19日我们干部团随军委纵队离开遵义，经桐樟、松次向赤水城进发。我们刚到达土城的第二天，四川军阀刘湘见势不妙，当即命令郭勋祺部、潘佐部等六个团也赶到了土城。军委负责人朱德命令我三、五军团及干部团全部于第三天拂晓包围迂回该敌。当时我军错误地估计了敌情，以为土城的敌人只是王家烈的一些“双枪兵”（即一手拿枪，一手拿烟枪抽鸦片），经不住我军的攻击，很快就能打垮。后来，两军交战以后，才知土城之敌不是王家烈部，而是刘湘手下的郭勋祺、潘佐部。郭勋祺部是敌军有名的“模范教导师”，武器装备精良，战斗实力很强。由于我军没有很好地掌握敌情，指挥上有些失利，使我军在土城与敌军展开了一场恶仗。战斗刚打响时，我干部团如猛虎下了山神速地猛打猛攻，很快就攻到了郭勋祺部附近。敌军这一精锐部队遇上了我军的“神兵铁将老虎团”，顿时锐气大减，他们根本不是我们的对手，交战没多久，就被我团击溃一部，大部也被我团打得弹药耗尽，面临悲败的狼狈境地。正当我团胜利在望之时，敌军突然又派出三个旅增援上来，他们依仗兵多及武器弹药的绝对优势，占领了有利地形后，转守为攻，以猛烈的火炮封锁，将我团压了下去。待我军增援部队上来后，因地形极为不利，无法施展兵力，同时我军在指挥上也有些不力。面对敌军兵力、武器、地形等各方面的绝对优势，始终猛攻硬杀，整整激战了一整天，虽然给郭勋祺师以重大杀伤，但我军受损也很大。军委在迫不得已的情况下，才下令撤出了战斗。

红一方面军一渡赤水的土城渡口

负伤掉队

我在土城之战将要结束时，左脚腕被敌人的飞机炸弹炸伤。当时我见四处倒下的是无数安息的战友，他们都战斗到了生命的最后一刻。我悲痛万分，怒火满胸，根本顾不得包扎，也不知道伤痛，只有一个信念就是狠狠地打！我挣扎着爬了起来，但没站住又摔倒了。我无法站立，就在地上爬着打，我竭尽全力地将一排排仇恨的子弹射向冲锋的敌人，将一颗颗手榴弹投向敌群中爆炸，被我打死打伤的敌人不计其数。最后，我由于伤口流血过多，终于昏倒在地，完全失去了知觉。当我军奉命撤退时，我仍昏迷不醒，我是被战友们用担架抬出阵地的。到了隐蔽地点后，因局势很紧，药品也很缺，卫生员只能对我的伤口进行简单的处理，他用盐水给我冲洗了伤口，将弹片取了出来。当时没有找到任何消炎药，只好用纱布将伤口包扎起来，没过多久，我的伤口就感染发炎了，从脚至小腿开始红肿，后来一直肿到大腿。部队领导见我无法行走，就派通讯员从当地找来了两名少数民族群众为我抬担架，并指派两名通讯员负责跟随担架照顾我。

部队当时奉命紧急行军，西渡赤水河、（即一渡赤水）向长宁集中。我们赶不上大部队的急行军，慢慢掉队了。我们走到贵州边境的一个山脚下时，人烟稀少，到处找不到老百姓。因那座山上住的是少数民族，山下住的是汉族，国民党和土匪活动很猖獗，常在山上山下乱窜，见人就抓就杀，所以山上山下的老百姓全都吓跑了。我们到处找不到合适的住处，更找不到吃的。我当时伤口感染发炎，总处于高烧的半昏迷状态，两个通讯员焦急万分，他们跑遍了山路，四处寻找吃的喝的，有时能采来一些野菜野果充饥，有时却两手空空，失望而归。

一天夜里，我们走到这座大山的半山腰，找到一个比较隐蔽的树丛中休息。两个通讯员安顿我和两名少数民族群众躺下睡觉后，又连夜摸黑去找吃的，跑了一夜山路仍一无所获。年龄稍大的通讯员让年龄小的通讯员赶回来照顾我，他自己装扮成老百姓到更远的地方继续为我们找吃的，但他这次一去未归，不知是遇到了当地的土匪还是其他意外，从此以后再也没听到他的下落，我至今仍希望打听到他的消息。自从这个通讯兵失踪后，小通讯员的负担更重了。他为我的吃住安全跑得更勤了，他不仅要做两名少数民族群众的思想工作，还要轮流替换他们抬担架。就这样又走了两三天的山路，我们仍没有走出这座山。一天傍晚，我们走到这座山的山脚下，大家又累又饿，实在走不动了，全都躺倒在一棵大树下休息。没过一会儿，就听见两名少数民族群众着急地大声呼叫，因语言不通，我不知他们叫的是什么，就赶紧吃力地半睁开眼，见他们抱着小通讯员边喂水边使劲叫喊，见此情景，我惊呆了，预感到不幸即将发生。只见那个小通讯员紧闭着双眼，眼窝深深地陷了下去，脸色惨白，嘴唇铁青。他们给他喂了几口水后，他微微地睁开了眼睛，神色是那样的内疚和不安，他断断续续地讲着：“首……长，我没有……照顾好你……我没有完成……”他微弱的话音还没讲完，就无力地闭上了双眼。这个年仅十六七岁的小战士，由于极度的劳累和饥饿，就这样耗尽了他的全部心血，献出了他宝贵的生命。他在长途行军中的一棵大树下无声无息地安息了，他是那样的平凡，又是那样的伟大，这就是我们的红军战士，这就是我们红军队伍的崇高革命精神。他的去世使我悲痛万分，也使我增添了无穷的勇气和力量。激励着我前进。

两名通讯员先后离别后，我由两名少数民族群众继续抬着向前行走。由于在山下的汉族居住区行走，少数民族的困难更多了，他们人生地不熟，语言又不通，要找吃的东西更困难。几天来，我们不仅吃不到粮食、野果，野菜也很难搞到。他们俩人抬着我几次险些摔倒。他们太累太饿了，实在走不动了，在毫无办法的情况下，他们把我慢慢拖到一个小村庄的边上，就跑回家去了。

不知过了多久，我被一场大雨浇醒，我微微地睁眼一看，四周一片漆黑，没有动静，我以为他们去找吃的未归，就等了他们许久，但一夜快过去了，眼看黎明即将来临，我想，此处不能久留，因天一亮土匪就经常出动，躺在这里就等于白白送死。我爬在地上喝了点雨水，感觉有点劲了，就抬起头向四周张望，见前面十几米的地方隐隐约约好像有房屋，我好像看到了生命的希望之光，咬紧牙关，暗暗告诫自己，一定要挺住，爬过去就是胜利，拖延时间就万分危险。我竭尽全力地向前爬，爬一下停一会儿，再爬一下，再停一会儿，就这样我的双手、双腿全都磨出了鲜血。我顾不得疼痛，只想着时间就是生命，我爬了一半路时，回头看看爬过的路，地上留下了一行行鲜血，心想这怎么行，留下的血迹一旦被敌人发现，无论我爬到哪里也会被他们抓到，我赶紧抓住身旁的一根长树枝，往回划了划土，因我实在没有多余力气爬回去掩盖血迹。从这以后我每向前爬一步，都要用脚蹬土将血迹埋上，就这样爬了一段路，两只脚也被磨出了血。我改用树枝划土，又爬了大约两三个小时，总算爬到了村里。

这个小村庄只有几户人家，几间破烂不堪的房屋，到处留下国民党打、砸、抢、烧的痕迹。白天村里见不到一个老百姓，全都跑到山里躲起来了，夜里有时老百姓偷偷跑回来看一看。我认真观察这几户的周围环境和地形，考虑再三选中了其中二户被烧坏房屋的一户。我爬进这家的院内，见门口和院中躺着两具死尸，屋门内是一具二三岁的小女孩尸体，已被烧得不堪入目了，院中是一具四十岁左右的男人尸体，满身血淋淋的全是枪伤，这都是国民党反动派残杀无辜百姓留下的罪证。我爬到院内后，本想藏到屋里躲一躲，同时也想找点吃的，但往屋里一看，里面的破烂东西被翻得乱七八糟，仅有的锅碗被砸得粉碎，破罐被摔得满地都是，屋里根本无法藏身，更找不到任何吃的。我又往屋后看了看，只见厕所紧挨着房后，我赶紧向厕所爬去，厕所里面又小又黑，又脏又臭，到处都是粪便，我顾不得这些，钻进去一看，厕所下面连着一个倒灰的大坑，周围全用泥和篱笆围得很严实，只剩下一个铲灰的小洞口，我心想只有钻到下面去，才能保证安全。我费力地顺着厕所爬下去后，见稻灰有几尺厚，我用稻灰盖住了全身，只露出脑袋呼吸，待了一会儿，我就感觉憋气，赶紧将脑袋紧贴着铲灰的小洞口，这样呼吸痛快多了。我在里面吃了点没烧尽的稻壳，迷迷糊糊地躺了一天一夜，白天有时听到敌人到处放枪，夜里偶尔听到附近老百姓经过的动静。我的精神好多了，而且伤口经过稻灰一裹，好像疼痛也减轻了许多，磨破的血口也止住了流血。当时我想总藏在这里也不行，即便敌人抓不到，也得被活活饿死，况且我的伤势还很重，决不能在此等死，一定要想法找到部队。

第二天夜幕刚刚降临，我正准备出发，忽然听到急促的脚步声，我趴在洞口往外看，只见一个妇女带着一个十来岁的男孩和一个五六岁的女孩，正向两具尸体扑去，顿时哭声刺耳、撕人心碎。过了一会儿，女主人强忍着悲痛，拉开了孩子们，边哭边将两具尸体弄进了屋里。女主人收拾了一下屋子，又伤心地哄孩子们睡觉。一会儿就听不见孩子的声音了，但又断断续续地传出了女主人用东西捂着嘴的呜呜哭声。这沉闷的哭声是那样的悲哀，饱含着深沉的怀念和痛苦的绝望。大约又过了一两个小时，哭声哑了，我的心也随之松了一口气。突然听到女主人的脚步声向我这边走来，我想莫非是她要上厕所，如果发现了我，她一方面要受惊吓，另一方面她也无法救我，因他们自身难保，万一被敌人发现，只会连累他们，所以还是不惊动她为好。我赶忙埋下头往灰里钻了钻，屏住了呼吸，一动也不敢动。这时脚步声在我跟前停住了，幸好她没点灯，什么也看不见。又听“哗”的一声，一大堆烫乎乎的稻灰全部扣在我的身上，烫得我紧抽了几下，磨成烂布条的破衣服被烤出一股糊味，背上被烫红了一大片，还起了几个泡。等脚步声离去了，我赶紧在灰里打了个滚。我想这里不能再待了，如果再倒几回稻灰，岂不烫坏了，等屋内停止了动静，我立即轻轻地往外爬，爬了整整后半夜，才爬到山脚下。

我想继续往山上爬，但使出全身的力气，也爬不上去。我索性爬到山脚下的一个草丛中隐蔽休息，迷迷糊糊地又躺了一天，就像晕死过去一样，全身完全失去了知觉。后来一阵枪响才把我惊醒，我睁眼一看，天已经黑了，枪声离我很近，我赶忙往草丛深处的大石头后面爬了两步，用满地的树叶往身上盖了盖，嘴里又嚼了几片树叶，算是充了饥渴。没过多久，就听见离我几米的路上传来了敌人的叫骂声，他们好像在追捕什么人，我想一定要赶快往山上爬，只要上了山就好隐蔽了。

等他们走后，我又开始往山上爬，爬上去，滚下来，再爬上去，又滚下来，不知爬了多少次，我再没有力气往上爬了。这时，远处又传来了枪声，我想爬上山就是胜利，爬不上去就要送命，所以我急中生智，咬紧牙关，拼命地往上伸胳膊，终于抓住一个树枝，再往上爬又抓住了一个大草根，就这样我用尽了全身的力气，一点一点地往上抓，一点一点地往上爬，最后我又在山上爬了一段，总算找到了一个大树洞，我赶紧钻进去，刚刚能蜷成一团坐在里面。我用树枝树叶把洞口遮掩了一下，在里面又昏睡了一天。这时我只觉得浑身瘫软，极度虚弱，全身只是依靠着树洞支撑着，再也没有一点力量支撑自己的身躯了。我多么希望能有红军战友来救我，我可不愿意这样无声无息地告别战友，告别亲人，离开革命。也不知过了多久，我又被一阵枪声惊醒了。我恍恍惚惚地幻觉到是红军战友救我来了，走在最前面的就是前不久失踪的那个通讯员，我激动万分，张开嘴拼命喊，只觉得嗓子眼里在往上冒烟，起满血泡的嘴任凭它张得再大也发不出声音。我这时已听到了他们的脚步声，我真想扑过去，和失散的革命战友拥抱团聚，但突然我又听到了一阵阵叫骂声，“啊，不好！”在幻觉中我突然清醒了，深感情况危急。我微睁着眼睛从树枝缝中往外看，果然是一支国民党的搜山队伍，只见他们捆着我们的几个伤病员，一边吼叫着，一边用枪托赶着他们走。我真庆幸自己没喊出声音，没想到损坏的嗓子在紧急关头救了我一命。

等他们走后，天又渐渐黑了，我在黑暗中又胡乱地抓了一把树叶吃，还没嚼完，又含着树叶昏死过去。昏睡了一夜，我似乎又醒了，我微睁着眼睛，天刚蒙蒙亮，我深知这样躺下去生命已维持不了多久。这时外面下起了小雨，慢慢地把洞口的树枝全淋湿了，我贪婪地吸吮着树枝上的雨水，好像甘泉一样滋润着我的心田，喝了一些雨水，感觉好受多了。我仿佛又听到了附近有队伍走动的声响，还隐隐约约听到低声的说话声，声音越来越近，已传到了我的洞口，我向外张望，只见一队人马正从我的树洞前一一走过。我屏住呼吸，竖耳静听，再也不敢发出任何声响。因下雨天黑，看不清他们的面目，只看到他们的身影在洞前晃动。我辨不清是敌是友，可已清楚地听见了他们的谈话内容，全是谈论有关红军部队的收容情况。我简直不敢相信自己的耳朵，也不知自己是在清醒中还是梦境中。我赶紧用双手捏了捏伤口，一阵钻心的疼痛使我完全相信自己是清醒状态。我又听到有人提起李克农的名字，我几乎高兴得发狂了，找到自己的队伍就像找到了救星一样。我使尽全身的力量大声喊叫，可嗓子只是发出沙哑的“丝丝”声响，我急得拼命摇晃着洞口的树枝。路过洞口的同志听到动静，吃了一惊，立即向四周散开进行隐蔽。他们见没有其他动静，就从树洞后包抄过来，我在里面急得喊不出，动不了，出不来，这时，两个同志突然将两只黑洞洞的枪伸向树洞里顶着我喊道："不许动！"我当时只觉心灵颤动了一下，浑身想动也动不了。他们见没有动静，便用双手扒开了树枝，枪口仍顶在我的身上。当他们往里一看时，不约而同地"啊"了声，他们一边惊呼："里面有同志，快来人！"一边轻手轻脚地把我抬出来，见我遍体鳞伤，浑身是血，有的地方露出了骨头，上下衣裤被磨成了烂布条，十个手指头红肿得像胡萝卜一般，一条大腿完全失去了知觉。他们痛苦地闭上双眼，不忍心多看。这时一位红军走到我面前，他亲切地握握我的手，告诉我他们是李克农的红军收容队，并询问我的情况。我激动得热泪"唰唰"地往下流，就贴在他的耳边想告诉他，我是干部团的红军，受伤后掉队了，谢谢你们救了我。但他们什么也没听见，只看见我的嘴唇在不停地抖动，他一下全明白了，示意我不要再说了，立即指挥大家进行紧急抢救。我说不出话，就用带血的手指头吃力地在地上写下了鲜红的"干部团"三个字后，又昏了过去。

当我醒来时，我已躺在了担架上，一个卫生员正在往我嘴里慢慢灌盐，另一个卫生员用盐水轻轻地给我擦洗伤口。卫生员见我伤口感染化脓很厉害，随时都有生命危险，就将身上仅有的一点消炎药全部给我用上了。他还撕下了自己的衣服，在盐水里沾沾给我包扎了露骨的伤口，还给我喂了一点吃的。我感觉好多了，断断续续地与他们讲了二三句话。

收容队的领导得知我的一点情况后，立即派通讯员到干部团送信去了。我由两名卫生员抬着继续赶路前进。干部团的总特派员周兴获悉我的消息后，当即派了两名干部团通讯员前往收容队，将我接回了团里。战友们见我活着回来了，激动万分，都争先恐后地扑过来抱着我的脑袋，握着我的双手掉眼泪。团领导见我已经奄奄一息了，立即派人到军委纵队司令部进行汇报，找来了中央首长的用药，马上对我进行全面抢救治疗，给我打了最好的针剂，服了最好的药。

经过医护队长和同志们的精心治疗和护理，几天后，我的伤势终于脱离了危险，并逐渐好转。因我的腿部的伤并未伤着骨头，只是治疗不及时，失血过多，感染发炎很厉害，再加上连日来极度饥饿，使我接近了死亡的边沿。是红军战友们救了我，使我追上了革命队伍，获得了新生。我深深体会到革命队伍的温暖，更加坚定了我永远跟党走，革命到底的志向。

十几天后，我的伤口虽未好，但不能动弹的腿已恢复了知觉。我再也不忍心让同志们抬着我行军打仗了，我硬是多次跳下担架，在战友们的搀扶下艰难地拄着树棍，一瘸一拐地坚持和大家一起行进。残酷地战争环境磨炼了我的意志和毅力，激烈的土城之战，使我立了功受了奖，获得了“小老虎”的光荣称号。从这以后，许多军首长都不再叫我的名字，而是亲热而习惯地叫我“小老虎”。

干部团抢渡金沙江

1935年2月到3月，毛主席运用灵活机动的战略战术，指挥我军声东击西，避敌锋芒，出其不意地经过四渡赤水，二占遵义，把敌军拖得晕头转向，疲于奔命，完全陷入被动挨打的狼狈境地，王家烈、关伟奇部共四个师均被我军歼灭，其他各省军阀共二十多个团也被我军歼灭。这是毛主席军事思想的伟大胜利。事实充分证明，遵义会议确立毛主席在党中央的领导地位是完全正确的。

1935年4月，我军将敌军甩远后，又乘敌之虚直入云南。蒋介石这时已陷入我军摆下的强攻贵州的“迷惑阵”中。云南的滇军主力被蒋介石调到贵阳去增援，云南省境极为空虚。我军入滇后连占沾益、马龙、嵩明等地后，直逼昆明，迫使敌军再次中计。他们急忙又往昆明调兵集中，企图在昆明与我军决一死战，但他们万万没想到这是我军又一次布下的迷惑阵。我军根本就没打算进攻昆明，而是引鱼上钩后，又突然兵分两路，趁虚北进，直奔金沙江畔。

进军云南、巧渡金沙江要图

(1935年4月8日—5月9日)

附图44

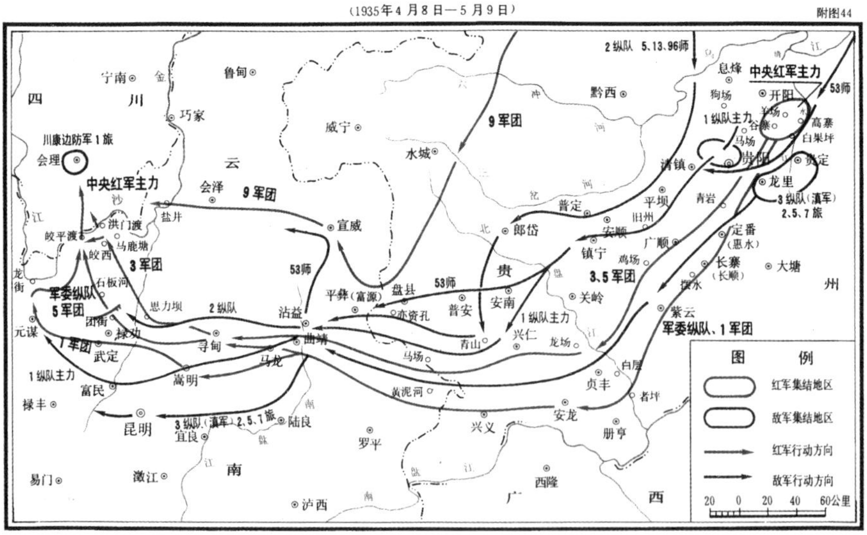

中央红军进军云南、渡过金沙江要图

金沙江是云南与四川交界的地方，即现在的攀枝花附近。这条江宽约几百米，上游山高水深，水势急湍。江对岸是高山，敌人居高临下，地势有利。我方所处沙洲开阔地带，既无村庄又无百姓，很难隐蔽和接近渡口，兵力活动也受限制，而且没有船和桥，搭浮桥都搭不成。由于以上原因，我军开始分几路渡江都没渡成。当时军情紧急，时间第一，如果我们稍一贻误战机，等敌人的增援部队赶来，将使我们渡江更为困难。面对这种情况，中央军委当即决定由刘伯承同志直接指挥我们干部团首先抢渡金沙江。干部团渡江地点是在皎平渡。我们从四川进入云南后，连续行军一百多里，一路上没遇上大股敌人，只与地方民团打了几个小的伏击战。赶到皎平渡时，又累又饿，但为了和敌人抢时间，我们不能休息，必须立即准备渡江。

我们二营的几位领导，在江边作出了具体部署，派出几部分人分头找船及搭桥的材料。找船的同志沿江边沙石路而下，一夜赶了几十里路，终于找到了江边一个小村庄，仅有几户人家。保安队常来骚扰，我们刚进村时，村民以为又是白狗子来捣乱，便将大门紧关。我们敲了几户均未敲开，后经我们耐心劝说，才相信我们是红军队伍。当见到我们时，他们真像见到久别的亲人一样激动。我们说明来意后，他们告诉我们，前不久白狗子发疯似地来到村里，用枪逼着大家交船，如违抗当场就开枪打死。他们为了阻击红军过江，把全村所有的船只全部烧毁了。

这时有一位六十多岁的老大爷告诉我们，他家还有一条破船。原来他家祖祖辈辈生活在江边，他是这村撑船技术最好的“水上王”。他的两个儿子全被白狗子打死后扔到了江里，所以他对白狗子恨之入骨，白狗子进村毁船前，他已悄悄地将船沉到了江底，保住了全村仅有的一条破船。他当时拉着我们立即赶到江边，把沉船打捞上来，含着热泪对我们说：“这条船就交给你们了，如需要撑船摆渡，我可以算一个。”我当时激动地紧握着他的双手连连说：“好，好，太谢谢您了，我们红军欢迎您！”这位老大爷当时带我们打捞船只后，又发动村民拆自家的门板、床板给我们搭浮桥用。当我们走进他家时，只见床上躺着瘫痪的老伴。他痛心地告诉我们：“已经瘫了五年多了，是被白狗子打的。”床边围坐着一个七八岁的小孙子在给奶奶喂水。老大爷流着泪说：“这是我家唯一的根苗苗，他的爹娘和他三岁的

金沙江皎平渡

当年帮助红军渡金沙江的老船工张朝满

妹妹前不久都被白狗子打死后扔进了江里。”我们见此状，说什么也不忍心让老大爷为我们去撑船，但不管我们怎样劝说，老大爷还是亲手拆下了自家的两个门板，修补了破船，告别了病重的老伴和年幼的小孙子，和我们一起投奔了革命。

后来这位船夫亲自撑着这条破船，运送了我军成千上万的人马。据说他在我军渡江快结束时，遭敌机袭击后全身几处中弹，他流着满身鲜血硬挺着把船上的红军送上岸后终于倒下了，他用自己的死换来了无数红军战士的生。他把自己的生命无私无畏地献给了革命事业。我清楚地记得老大爷临走前把家里的水缸挑满了，又抱着小孙子亲了很久，很久……

我们从这个村庄找到了船和搭桥材料后，高兴得满载而归。其他营也从各处找来了大小不一的几条破船。我团在渡口还缴获了一条敌人送特务过江的船，这样，全部算起来，共有六七条破船，这就是我们几万红军渡金沙江的交通工具。

我团是渡江先遣队，是在刘伯承、陈赓的亲自率领下首先过的江。记得那是一个夜晚，我们有的乘船渡江，有的从浮桥上跑步渡江。浮挢、是用船和木头、木板搭的。到了江心水深流急的地方，每条船下都有一个班负责保护。战士们在水下都是用肩扛着浮桥，由于水下待的时间太久，有个别水性稍差的战士就被急流冲跑了。江对岸的守敌是保安队等地方军，用大石头修筑了许多防守工事。他们见主力部队不在都胆小如鼠，躲在山上不敢出动，但经常不断地往江里打冷枪、土炮，天上也常有飞机袭击，不停地往江面上投弹。我们先遣队夜里偷渡金沙江时，守敌丝毫未发现，当我们跑到山下攻山时，敌人才慌作一团，急忙集中火力往山下开枪、扔手榴弹，还不断地投大石头。当时敌人的火力的确很猛，我们如从正面硬攻甚为不利，便留下小部继续吸引敌人，大部队轻装分两路从山两侧向上包抄。我团干部不顾天黑路陡，勇敢地抢时间往上攀登，当我们登上山顶，突然杀声震天地冲向敌群时，守敌已措手不及，不堪一击，全线溃逃，我们很快就占领了山顶，占领了整个南北两岸，为我军几万人马顺利渡江打开了通道。

我们在山上占领阵地后，真想在这个宁静的夜晚，就地躺下，舒舒服服地睡上一个美觉。因连日来一直是急行军，从未很好地休息过。当我们刚刚放松，席地而坐时，又接到了紧急命令，让我们全体在山上立即集合，听候军委下达命令。军委派邓发和张经武给我团带来中央指示，命令干部团立即前进，全歼敌人在通安这个团，并拿下通安，扫清沿线障碍。我团政委宋任穷作了紧急动员，陈赓团长作了具体部署。我二营受命冲锋在前，我们立即跑步前进，翻越了一座炽热的荒山，秃山上草木不生，没有水源，大家又渴，许多人还是光着脚，无论踩到哪块滚烫的石头上也不敢久停，这样使大家跳跃前进的速度更快了。当我们抢先赶到通安时，许多江边的溃逃之敌还未逃回通安老窝，驻守通安的敌军还未得到任何消息，我们就与其前卫营交战了。前卫营是通安的王牌营，这个营的所有人都是腰别两支短枪，无论走到那里都是耀武扬威的。但我们二营也是有名的干部团“猛虎营”，虽然没有精良的武器装备，但只要战斗一打响，个个如猛虎下山，再猛的敌人遇到我们也会闻风丧胆。我们与前卫营交战时，是抄后路从其背面突袭的。当敌人还蒙在鼓里时，我们已杀到了他们的阵地上，双方基本没有开枪射击，而是短兵相接，面对面地展开了激烈的肉搏战，有的拼刺刀，有的抱作一团，还有的挥拳猛击。

我当时面对几个敌人毫不畏惧，把在家练的拿手武功和在部队学的硬功夫全部用上了。我在敌群中左右开弓，猛击敌人的要害部位，几拳几脚就将来敌致于死地。有三个大个敌人，见我个矮瘦小，一齐端着刺刀从三面向我刺来，我急中生智，灵活地左右一闪，就跳出了他们的刺杀圈，结果一个敌人用力过猛，一下刺进了对面敌人的肚子里。我从另一个敌人后面猛地飞起一脚，只见这个最高的敌人扑通一下摔倒在那两个敌人的身上，他们三个滚作一团，嗷嗷乱叫，我照准他们的太阳穴猛锤几拳，顿时他们口吐鲜血全部送了命。当时的战场上，听不到枪弹声，但“哼、哈、嘿”的搏斗声和敌人临死前的惨叫声却响成一片。我们很快就结束了战斗，敌人的王牌营，大部就歼，小部被俘。我营也有少数战友负了伤，还有个别战友壮烈牺牲。战斗结束后，我站在山顶上，看到整个阵地的草丛已一片片地被磨秃了，满山遍野躺满了敌人的死尸，也洒满了战友们的鲜血，这是多么悲壮的战争场面。这时，一阵阵微风刮来，下起了小雨，在血雨腥风中，使我们的头脑更加清醒，使我们的意志更加坚强。

全歼敌前卫营后，我们继续攻打通安镇。这时我们团其他营也赶到了通安，我们一起攻打通安镇。镇里的敌军两个团见其前卫营被歼，顿时慌了手脚，被我团打得溃不成军，我军取得了辉煌的战果。

渡江的战斗全部结束后，我们在通安镇休息了一天。大家躺在山上美美地睡了一觉，会了一顿餐，足足地吃了一顿饱饭。军委表扬我们，说我们干部团英勇善战，为党中央及全军几万人马安全渡江扫除了障碍，打开了通道，立下了功劳。许多军首长前来看望慰问我们，邓发、张经武代表党中央和军委给我们讲了话，首先对我们表示慰问，还给我们每人发了几个云南的银元作为慰问品。同时给我们带来了振奋人心的好消息，我军仅靠六七条小船，经过几天几夜的连续渡江，终于摆脱了数十万敌军的围追堵截，取得了渡江胜利，实现了渡江北上的战略意图。当我全军人马渡完江的第二天，国民党中央军的两个纵队和滇军的一个纵队才赶到江边，他们只捡到了我们的破草鞋。我军指战员齐声称赞：毛主席英明决策赛过诸葛亮，巧妙渡过两重江，气得老蒋干瞪眼，渝、黔、昆道上跑断肠。

我们在通安镇稍加休整后，又向会理城开进。我团是最后向会理城开拔的，全军在会理城外围又休息了三四天。党中央在会理城郊召开了中央政治局扩大会议，研究制定了今后的战略。会后向我们传达了下步的四项任务：一是备寒，二是筹粮，三是继续行军赶路，四是民族教育。

强渡大渡河

会理会议后，红军继续北上，经西昌、泸沽再渡大渡河。渡大渡河有两条路可走，一条是大路，另一条是小路，走大路经大树堡直通成都，敌人最怕我们攻打成都，所以派重兵在这条路上堵击。我军为了迷惑牵制敌人，派出一小部走大路，占领了大树堡，并在大树堡渡口佯作强渡大渡河的准备，而整个野战军的大部却出其不意，赶上了敌人防备松懈的小路。这条小路是彝族居住区的凉山地带，因文化落后，俗称“倮倮区”。这里不仅道路崎岖，而且彝民受国民党反动宣传的影响，与汉族的民族矛盾很深。为了尽快地通过彝族区，我军一方面攻占了彝族区的一些县城，释放了被国民党关在监狱里的一些彝族首领和许多彝民。另外刘伯承等中央领导同志亲自出面，解决了与彝族的民族隔阂和误会。同时我们整个部队都自觉地执行民族政策，注意尊重彝民的习俗，努力做好少数民族的工作。这样，逐渐使彝民消除了对我们的敌视和怀疑，友好地为我们带路，有的还一直护送我们通过彝族区。我们克服了语言不通，习俗不同，地形道路不熟等困难，每天急行军八九十里，只用了三四天的时间，就顺利地到达了安顺场。

安顺场是一个小镇，前面是大渡河，后面是营盘山，两侧是悬崖陡壁。安顺场渡口是大渡河十里岩岸内唯一的渡口，大渡河宽约百米，深约三十米，水流急速，浪高旋涡多，河水沿陡壁向下急奔，汹涌澎湃，巨浪滔滔，这是我们长征途中最难渡的一条江河。这一险要地带也是太平天国翼王石达开部全军覆没的地方，蒋介石妄想让红军做第二个石达开，他派出中央军和地方军的各部前堵后追，企图让红军重演石达开的历史悲剧。敌军为了阻止我军在安顺场渡口渡大渡河，提前烧毁、破坏了安顺场的所有船只，并准备了大量的煤油和柴草，企图将安顺场燃为灰烬。我军针对军情作出了部署安排，中央军委指派刘伯承、聂荣臻率领先遣队提前神速地袭击了安顺场，全歼守敌三四百人，使敌人烧毁安顺场的阴谋未能得逞。战斗中还缴获了敌人留作送情报用的唯一的一条小破船。

打下安顺场后，在此渡口强渡大渡河又是刘伯承、聂荣臻亲自指挥的，首先从一军团一师一营二连挑选了十七勇士第一批渡河，为了保证他们的人身安全，先用船装上牲口和物资进行试渡，试渡几次都失败了。我军找来当地船夫，他们祖祖辈辈生长在河边，对撑船摆渡有着纯熟的技术和丰富的经验，经过船夫的精心计算，需在逆着急流往上拉五六十米的地方撑船，才能使船靠了岸时不偏不倚，如稍偏一点，就会被礁石撞得粉碎。有了船夫的帮助，十七位勇士在强烈的火力掩护下，登上了这条破船，只见船刚一离岸，就像离弦之箭，飞快地顺着急流冲向对岸，靠岸时刚刚恰到好处。这十七位勇士登上彼岸后，击溃了守敌的防御，占领了滩头阵地。他们开始想架浮桥，但试了几次都架不成，因水流太急，铁索总被激流冲断。他们马上又到附近找来了三条破船，我军仅靠这三条小船，一船又一船地渡了整整一个晚上，只渡过了三个团。

1936 年，斯诺在宁夏与强渡大渡河的红军战士合影

当天夜里，毛泽东及时赶到了渡口，召集主要中央领导开会研究了十万火急的军情。当时后面的追敌已过金沙江正向我军扑来，前面的堵敌也开进大渡河，而我军又面临渡河缓慢的实际困难。针对这一实际情况，当即作出了飞夺泸定桥的决定，具体部署是：由刘伯承、聂荣臻率领红一军团一师和陈赓、宋任穷领导的干部团全部从安顺场强渡大渡河，沿东岸北上赶回泸定桥；中央军委直接指挥红一军团二师、军团部和红五军团沿大渡河西岸北上赶回泸定桥；两支部队相互支援，夹河而上，相机夺取泸定桥。毛泽东同志特别强调，这是一个战略性措施，只有飞夺泸定桥，才能保证全军顺利渡过大渡河，避免石达开悲剧的重演。受领任务后，我干部团尾追一军团一师在安顺场渡过了大渡河。

从安顺场到泸定桥有三百四十里路，要求我们两天赶到，我们既要抢时间赶路，又要扫清沿途的敌军，任务非常艰巨。两天来我们昼夜连续赶路，有时在崎岖不平的绝壁上攀登，经常跳跃几米宽，几十米深的深沟峡谷，有时在白雪皑皑的云雾中挺进，常年积雪的山上，根本就找不到山路，全靠我们自己摸索着踩出一条羊肠小道。在山路中急行军时，我们经常遇到敌人布下的江防部队，我们有时巧取，有时猛攻，有时离敌军很近了，也搞不清是谁的队伍，我们就试探着用敌军的信号，与他们对话，他们以为是自己的部队，等他们放松警戒后，我们猛然向他们开火进攻，打得他们措手不及，狼狈逃窜。我们靠勇敢和智慧保证了河对岸的部队尽量少受敌人的隔河射击。在我们的前面，一直还有敌军的两个旅，他们是飞赶到泸定桥的增援部队，我们始终在他们后面紧追不舍。

后来我们从山路上转向河边行进时，又加快了速度，基本上是跑步前进。夜晚行军天黑路又难走，我们就打着火把前进。前面的敌军以及我们河对岸的部队也都举着熊熊燃烧的火把前进。只见两岸边的火把像两条长长的火龙一样，夹击着汹涌奔腾的大渡河，急速地向北急进，形成一幅十分壮观的景象。突然间，电闪雷鸣，大暴雨倾泻而下。当时大渡河正值

安顺场

洪水期，山洪从山峰上急速飞奔而下，撞击岩石的咆哮声与霹雷巨响的轰隆声交错在一起，好像要把整个大地吞没一样。这时大家手中的火把全部熄灭了，顿时黑夜笼罩着大地，地上也形成了一片烂泥潭，大家在风雨泥泞中艰难地行进着，走几步就摔倒了一片，爬起来再追，又滑倒了一片。为了加强前进速度，大家经常手挽着手，肩并着肩，共同克服一切困难，大步向前。

经过两天多的急行军，我们击溃了敌人沿途布下的河防部队，突破了敌人的重重堵击，按时从东岸赶到了泸定桥。在城南几十里的竹林坪与敌军增援的两个旅打了一仗，对二师四团胜利夺取泸定桥起到了策应作用。

飞夺泸定桥的艰巨任务是王开湘、杨成武领导的红一军团二师四团完成的，他们组成了22人的英雄突击队，冒着枪林弹雨，在十丈悬空的13根铁索上勇猛地爬行，后面的部队紧紧跟在22位勇士后面，边铺桥板边冲锋射击，在全团的紧密配合下，经过与敌人在火海中的拼死激战，终于胜利地夺取了天险泸定桥，随后我军浩浩荡荡的队伍全部从泸定桥上顺利地渡过了大渡河，把追击的国民党中央军、地方军全部甩掉了。

泸定县城和泸定桥远眺

翻越大雪山

全军渡过大渡河后，各路纵队都会合在化林坪。为了早日与各方面军会合，军委命令全军继续北上，向二郎山方向挺进。

我们走进了二郎山附近的一座深山老林，各路纵队齐头并进，共同攀登。这座山是一片原始森林，山上密林遮天，终日无光，阴森潮湿，林中行人绝迹，无路可走。我们抬头看看天，看不到天空，只看到阴雾蒙蒙，我们低头看看地，看不到路，只看到遍地的青苔及腐叶烂枝和着稀泥，蓬乱藤枝一团团纠缠在一起，夹杂着一阵阵野兽的怪叫声，使人毛骨悚然。上山时，我们边走、边抓、边砍，一步一步地摸索前进，有时跳跃，有时匍匐，在绝路中，我们用四肢硬是踩出一条人走的小路。下山时更困难，因山陡路滑，大家都是半蹲着往下出溜，有的同志被乱藤挂住不能自拔。有的同志被树枝绊倒滚下了陡坡，大家的头上、脸上、手上、身上都糊满了烂泥，衣裤也被刮得破烂不堪，满身的血道道一会儿淌着鲜血，一会儿又被烂泥盖住，我们整整用了将近两天的时间才走完了这一段艰难的几十里山路。

走出原始森林后，经过天全、芦山、宝兴、硗碛等地，到达了高耸入云的大雪山——夹金山。

夹金山位于当时西康与四川的交界，是藏民居住区，海拔四千多米，山上空气稀薄，终年积雪，气候突变，鸟兽绝迹。当时正值6月炎热季节，大家身穿四处透风的破单衣，只能靠辣椒水、生姜水和烧酒御寒。我们部队大部分是南方人，从小吃惯了生姜、辣椒，所以喝起辣椒水来还觉得香喷喷的，而少部分从不吃辣椒的北方人，喝起辣椒水却像受刑一样，辣得他们眼泪鼻涕口水一起流。看他们张着大嘴不住地“吸溜”没完，一个南方干部风趣地对他们说：“辣椒水对你们最见效，看把你们辣得热汗都从嘴里鼻孔里流出来了。”这一逗使他们的“吸溜”声，顿时变成了“哈哈”大笑声，大家更觉得全身从里到外都是热乎乎的。

刚上山时，雪不太深，路也好走，高照的太阳射向晶莹的白雪，晃得大家睁不开眼。我们眯着眼缝，吃惊地看着周围的一切，因我们这些南方人生

夹金山——川西邛崃山脉中的一座大雪山

平还是第一次见到这样巍峨挺拔的大雪山，对这云海般的白雪感到十分奇特，顿觉得眼界大开，眼神放光，真像走进了神话中的天仙世界。有个知识分子干部触景生情，吟出动人的白雪诗来，引得他身旁的许多干部都双手捧起了一团团洁白的雪，对着天空，大声呼喊，对着雪山放声高唱。大家精神饱满，心胸觉得格外的舒畅。但喊着喊着，唱着唱着，就觉得呼吸越来越急促，声音越变越小，最后所有的人再也唱不出来，喊不出来了，大家大口大口地呼吸着，喘着粗气。脚下的积雪越来越深，空气越来越稀薄，雪山的坡度越来越陡，有的同志滑倒了，当即被同伴拉起；有的同志走不动了，立即被人搀扶；还有的同志掉到了几丈深的雪崖里，立即有许许多多温暖的手伸向危险地带，竭尽全力地去抢救；有的同志为救战友献出了自己的生命，这就是我们红军战士的崇高革命友情，这就是我们红军队伍用鲜血和生命唱出的革命战歌，越是在最困难、最危险的关键时刻，这种革命友情越是发扬光大。

走到半山腰时，天气突变，太阳躲进了山中，乌云笼罩着整个大雪山，紧接着飞起了鹅毛大雪，随之狂风吼叫，卷起了积有百年的冰雪，只见一座座冰峰一泻千里，铺天盖地地向我们袭来，周围两三米以外再也见不到人影，只是一个巍巍的白雪世界。我们被刺骨的寒风吹得浑身发抖，被呼啸的冰雪卷得跌跌撞撞。我见前边一个小老乡被吹得直打转转，赶紧上前两步扶了他一把，并把拐棍递给了他。我刚用双手捂住冰冷的脸，护着冻僵的头时，一阵狂风又怒吼着席卷而来，把我掀出了几米外。我被吹得跪倒在地，刚要爬起，只见一米外的雪堆中露出了半截拐棍，我爬过去，双手用力拽拐棍，拐棍被抽出来了，但那个小战友却不见踪影。我赶紧用双手拼命扒雪，足足扒开了一尺多深，终于找到了那个瘦小的战友，他被冻僵成一个冰雪人，我把他紧紧搂在我的怀里焐了许久，也未能使他苏醒，因我的怀里也同样是冰冷的世界，是无法分给战友一丝热的。我痛心地将战友的尸体埋在了那个扒开的雪坑里，我不忍心再让他被狂风卷走。我停顿这一会儿，就觉得浑身已麻木不听使唤了，我预感到事情不妙，再待下去就会活活冻死，我赶紧用拐棍使劲敲打全身，又把背上的破被子裹在了身上，把破毛巾、破书包都包在了头上，然后拄着拐棍，踏着一两尺厚的积雪，一步一步地往前移动。走了没多远，我见一个同志坐在雪上，身旁还有一个同志趴在雪里，我赶紧扔掉拐棍，上前去拉他们走，因停下来就有冻死的危险，但我万万没想到，我手里拉着的却是两个冻僵的战友，原来他们早已被活活冻僵，我清楚地认出他们都是我们二营的干部，其中有一个还是我的同乡。我悲痛欲绝，慢慢地松开了双手，流下的眼泪冻成了一串串小冰珠，挂满了我的脸上。

由于空气的稀薄，天气极度的寒冷，加上亲眼所见身边的战友们一个个地倒下去，使我越来越感到头晕目眩，呼吸困难，心率反常。我晕晕乎乎，晃晃悠悠地往前挪动着，挪动着，但双腿已失去了知觉，险些倒下，被后面的一个大个子排长扶住。他紧紧地挽着我的胳膊，对我点点头，挥挥握紧的拳头，示意我要坚持住。我感激地对他微笑着，心里只有一个信念，为了战友，为了胜利，要挺住，要活着，要不停地走下去！

到了山顶，我们不用爬坡了，刚刚觉得稍微轻松一些，但老天爷不长眼，突然一阵狂风四起，大雪夹着鸡蛋大的冰雹从天空中呼啸着劈来，砸得我们浑身酸痛，无处躲藏，大家本能地拿出所有能用的东西顶在头上。有的同志举着盆，有的同志扣上了锅，还有的同志顶起了背包，顷刻间，整个山顶上，到处回响着“乒乒乓乓”的冰雹撞击声，到处是一团团的雪人堆。我把披在身上的被子拉到了头顶，但顾头没顾脸，突然迎面飞来一个大冰雹，“乓”的一声砸在了我的脸上，顿时脸上就隆起一个大青包。我本能地将被子往前拽出了一二尺。后面的两个战友没找到东西护头，一下子从后面钻进了我们的被子里。一床被子被我们四人举成了一个顶棚，又有几名战友钻进了我们的顶棚里，七八名战友紧紧地挤在一起，心离得近了，顿觉得暖乎乎的。我身旁的大个子排长深有感触地说：“夹金山啊，夹金山，难怪当地藏民都称你神仙山，我们可沾你的光成了山顶的活神仙了。”另一名南方的小个子排长接着说：“我可不想再当什么天仙了，有地狱能让我钻进去躲躲冰雹，避避风寒，也比这天仙强。”我说：“你别着急，不想当天仙。一会就让你天仙下凡。”冰雹过后，风雪即停，太阳又神奇地射出万丈光芒，把千里冰峰照得银光闪闪。大家高兴地扔掉了手中的一切，举目环视着云海与雪峰相连的洁白世界，沉浸在大自然之主的怀抱中幸福享受。那个小个子排长也挥臂高喊：“太美啦，美极啦，还是当天仙好，我再也不想钻地狱啦。”另几名战友也激动地振臂高呼：“天仙万岁！红军万岁！”

这时，前面传来了特大喜讯，先头部队已和四方面军胜利会合了。大家全部高高举起手中的枪支、军帽，齐声高呼：“我们胜利了！红军胜利了！”为了早日和亲人欢聚，我们加快了下山的速度，大家立即排好队，然后全部坐下或蹲下，一个紧挨一个地往下滑奔。那个小个子排长紧挨着我，悄悄对我说：“天仙该下凡了，可别让我钻地狱。”我微笑点点头说：“别怕，活神仙永远死不了。”说完，我“嗖”的一下，就窜下了雪坡。由于坡陡，滑速飞快，根本无法掌握重心，我们毫无控制地任其自由飞奔，一会儿头朝上，一会儿腿朝上，一会儿竖着滑，一会儿横着俯冲，一会儿躺着滑，一会儿趴着滑，一会儿又在雪坡上滚了起来，只要一人滚，就会冲击正前方，左前方，右前方一大片，这样一个撞一个，带动着一大片人都连滚带滑地往下飞奔。当时我们只觉得一颗心在空中悬着，其他的一切都交给了大自然摆布。这样离奇的惊险场面，真比“天仙下凡”难多了。

四方面军会师与冲突

1935年6月下了雪山，一方面军在懋功地区和四方面军胜利会师后，我们的心情很激动，感到盼到了亲人，盼到了胜利。经过几个月的艰苦行军，我们一方面军人员伤亡很大，幸存的红军战士也都瘦骨伶仃，精疲力尽。当时如果继续行军打仗，衣、食、住、行都很艰难，武器装备也很差，所以突然见到实力雄厚的四方面军，真比找到了久别的亲人还高兴。四方面军的许多红军战士在山下列队欢迎我们，把我们当成自己的弟兄一样对待，热烈地和我们拥抱，热情地握手，给我们送来了吃的、穿的、用的。我们脱下破烂不堪的旧军装，在河里痛痛快快地洗了澡，刮光了长长的胡子，换上了四方面军送来的新军装。大家互相对着看啊、照啊，高兴得又蹦又跳，真像过节一样。一个岁数较大的干部开玩笑地说："我们这样去找老婆，再也不会嫌我们老了。"当天晚上，我们美美地会餐，召开了盛大的联欢会。我们很久没吃到这样可口的饭菜了，许多战士狼吞虎咽吃得肚子鼓鼓的，还拍着肚子风趣地说，这几个月的损失总算捞回来了，这个肚子又能抵挡几个月了。在联欢会上大家尽情地唱啊、跳啊，欢呼声，口号声响彻云霄，鞭炮声，锣鼓声震耳欲聋，大家都沉浸在胜利的欢乐中。

会师后，中央召开了会议，会上发生了分歧，张国焘在继续北上的途中，使两军关系突然变得冷淡甚至恶化。行军途中有的乱穿队伍，不让路，有的态度急躁蛮横，骂人乱抓人，甚至还有的随意开枪伤人，对我们干部团也如此。大家实在看不过去，都十分气愤。领导见此情景也发火了，把我们特派员集中起来，命令我们往下布置立即把机枪架起来，并让我们下达命令，如果有人敢到我们团乱抓人，乱打人，立即开枪还击。记得那一天，我们在山坡上架起了机枪。跟随我团行军的有毛泽东、周恩来等中央领导同志。

四川懋功的会师桥。1935 年 6 月，中央红军和红四方面军在这里会师

过 草 地

1935年8月，红军长征翻过雪山，红一方面军与红四方面军胜利会合，但是掌握四方面军领导权的张国焘对革命悲观失望，反对北上抗日，主张南下。毛主席党中央严肃地批判了张国焘的错误，红一方面军、红四方面军组成了左右两路大军共同北上抗日，红一方面军由毛主席亲自领导。

我跟随干部团二营进入草地第一天，部队所带干粮大都不足渡过草地，我们动员各班去捡蘑菇充饥。当天晚上吃了一顿蘑菇面糊，到半夜时发现不少战士上吐下泻，原来是吃蘑菇中毒了。第二天早上到出发时，大部分躺在地上起不来，部队不能按原定时间出发，后面追击我们的敌人只有三五里路，在这种情况下，只好命令大家强打精神，坚持前进，当时有的重病号走不了，后来就再也没有见到这些同志。

进入荒无人烟的草地，比翻越雪山更难、更苦。那时正是8月份，踏上草地全是见不到水的水草地，举目望去，是无边无际的一片大草海。草丛上面罩着一层浓雾，辨不清东南西北。腐草和水淤成黑泡，散发出很大的腐臭的气味。草地上根本无路，越走路越窄，越走水越多，有的地方水

茫茫草地

淌成了大河，越往草地深处走，陷得越深。天气变化无常，时风时雨，有时下雪，有时下冰雹，还要防敌人骑兵捣乱，还要打仗，稍有不慎，陷进泥潭，就很难拔出。部队战士解下腿上的绑腿连结成一根长带子，大家拉着过去。水深处没过腰，前面扛重机枪的同志倒下去，就陷入泥水中不见了。每天到宿营地后清点人数就少了十几个人，死亡的阴影无时无刻不在威胁着每一个人的生命。部队每天都是既紧张又疲劳，行军困难，吃饭困难，睡觉困难，休息困难，站不好站，坐不好坐，特别是风雨泥泞、寒冷，饥饿，疲劳，缺少粮食，没有盐吃，身体无力，体质都已相当虚弱。许多同志难以支持，被草地夺去了宝贵生命。但是艰难困苦磨炼了红军队伍每一个同志钢铁意志，使他们变得更加坚强，更加英勇。经过一星期的千辛万苦，我们终于走出了草地。

特　科　团

1935年6月，一、四方面军会师，中央召开会议，决定组织两路方面军继续前进北上抗日。红一方面军改为陕甘支队司令部。干部团一部合组红军大学，一部组建特科团。李和玉任红大特派员，我调任特科团任特派员，罗光波任该团政治委员。当时虽然中央有决定，但在执行时张国焘暗中破坏，决议没有实现。我这时调到陕甘支队司令部任特派员，到达甘肃省后，陕甘支队司令部番号还保持。

李克农当时组建并领导了一个突击队，执行情报侦察任务，我参加了这个突击队，该队共有二十余人，都是由保卫部门抽调来的骨干组成，队员选拔的都是枪法好会武术的。我们突击队驻道左铺，担任甘泉、富县、洛川等一带的情报侦察，大家对侦察保卫情报业务都很熟。这个突击队的工作对象是东北军和西安叶青等国民党中军统特务，主要任务是以便衣为主进行侦察和破坏活动。采取的手段是打进去，拉出来，抓舌头，搞人质，利用矛盾，以毒攻毒。这个突击队成立的时间虽不长，但工作搞得很活跃，收集了大量有价值的情报，李克农很满意。

攻打直罗镇

陕北苏区根据地初创时期，由徐海东率领的红二十五军先期到达陕北，与刘志丹领导的红二十七军和二十六军于1935年9月18日在永坪合编为十五军团。军团长是徐海东，政委程子华，副军团长是刘志丹。此外，还有陕北主力部队二十八军，这是当时扩大巩固陕北苏区根据地的主力。

陕北苏区根据地的土皇帝是高桂滋和井岳秀各一个师，他们人数不太多，装备也不太好，战斗力不太强。而东北军都是当时陕北根据地军民的老对头，他们有七个师，分成两路向苏区进攻，一〇〇师、一二九师已到达延安，一〇七师和军部驻守洛川一带，甘泉县城有一〇〇师的一个营和地方武装势力共一千余人，当时已被我军围攻。

1935年9月，陕北红军在劳山附近经过六个多小时的战斗，把东北军派往延安增兵的一〇〇师全歼，俘虏了3700多人，师长贺立中和参谋长均被打死。紧接着，在俘虏战斗中又歼灭一〇七师一个营。

同年10月下旬，陕北红军在陕北榆林桥战役中又歼了六一九团。这个团属东北军七四军一〇七师，是王以哲最得力的主力团，团长高福源被我军活捉。

榆林桥及附近高福源部驻地

高福源的外号叫“包脖子”，曾当过张学良的警卫营长，在东北军中很有名望。

我军经过这个胜仗，把东北军的一〇〇师搞掉了，一〇七师搞垮了。米脂方面的高桂滋、井岳秀两支部队见势不妙，放弃了瓦窑堡，周围的几个土围子只剩三百多敌人。我军决定攻打张林驿小镇，将敌军彻底地收拾干净。

就在这时，程子华写信给徐海东说，毛主席今天下午要到司令部来，请见信速回。海东同志见信后于下午六点半赶回司令部，见毛主席、彭德怀司令员已到，同行的还有四个同志，他们都穿着一样的灰棉衣。海东同志正定神地看着到来的这几个人，毛主席先向海东同志伸出了手，亲切地说：“海东同志吧，你们辛苦了！”徐海东这时十分激动，他赶忙用双手把主席的手握得紧紧的，一时不知说什么好。主席让大家坐下，详细询问了陕北部队的各方面情况，并介绍了中央红军的活动情况，还与我们一起部署了下一步的行动方案，对各方面问题作出了详尽的指示。这次会见后，当晚我就离开了司令部，带着毛主席党中央的指示精神赶回了战斗前方。

刚到前方，我立即将毛主席、彭总等中央领导同志到来的消息正式传达下去，转达了毛主席对大家的问候，顿时部队的情绪沸腾起来。这个急着问我：“毛主席什么时候来这里？”那个抢着问我：“哪天才能让我也看到毛主席？”我双手举起，以示大家听我说：“同志们，等咱们把张村驿打下，一块去见毛主席！”话音刚落，响起了雷鸣般的掌声。

1935 年 11 月初，我们迅速地打下了张村驿，战斗之后，一军团、十五军团会师了。十五军团的红军战士如愿以偿，亲眼见到了想念已久的毛主席、周副主席、彭总司令等中央领导同志。毛主席、彭总司令亲自研究和指挥在陕北会师的各路大军，于 11 月 21 日开始打响了直罗镇战役。

直罗镇是一个百户人家的小村镇，三面环山，葫芦河从镇北缓缓东流，一条东西大路横贯镇中，东通鹿县，西接甘肃太白镇，是连接葫芦河的枢纽。敌人为了打葫芦河，必然要首先占领直罗镇，而直罗镇的地形却对我军有利，它像一个口袋，有利于我军伏击敌人。

当时，我们从关起镇南下，于 11 月中旬赶到直罗镇东南三十多里路的张村驿一带开展工作，待命攻打直罗镇战斗。毛主席于直罗镇战役前两天组织一军团、十五军团团以上干部到张村驿会合，研究了具体部署。一方面

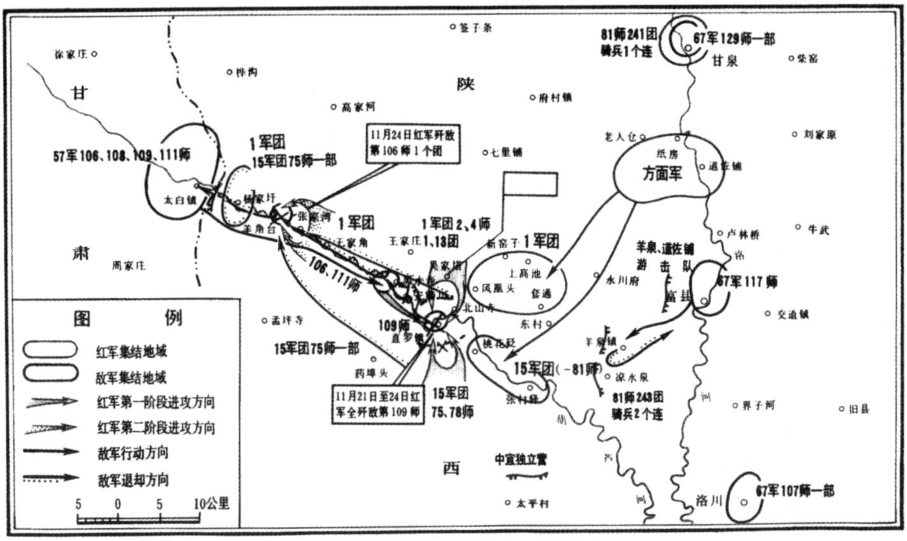

直罗镇战役经过要图

军和十五军团都分别进入了直罗镇南北的阵地，一方面勘察地形，另一方面拆除东南角山寨的围墙，以防战斗打响，敌人据险抵抗。

11月20日，敌军师长牛云峰带着他的一〇九师，果然按照毛主席的预料，在飞机的掩护下，从西南向直罗镇闯进来了。我军的警戒部队边战边退，终于在下午把这头牛牵进了直罗镇。21日凌晨，我南北两路大军同时开进，很快就将牛云峰团团围在直罗镇内。

记得那天天还没亮，我就跟随毛主席来到了作战总指挥所。北山坡指挥所设在关家台北端高地的破窑洞里，头顶上飞机盘旋不止，“轰轰”叫个不停。窑洞里四面透风，连门窗都是破的，但位置不错，因周围全是破窑洞，便于隐蔽，同时地势高，便于观察战场情况，主席对指挥所选在此地很满意。直接指挥这次战斗的是彭总和十五军团军团长徐海东，还有一军团军团长林彪。

拂晓前后，战斗一打响，我军从南北两路山上狠狠地往下打，直冲敌人营垒，枪炮声，刺杀声响成一片。激战了五个小时左右，敌军大部被歼俘，牛云峰带着一个多营的残敌仓皇逃窜，我军也有少数人员伤亡。

战斗结束后，指挥所的全体人员随主席走出窑洞。主席站在山坡上，一方面看望参加战斗的同志们，同时也慰问来往的伤病员。每一个担架路过此地时，主席都示意停下，亲自掀开被单看一看躺在担架上的伤亡人员，并亲切地问一问：“叫什么名字？是哪个部队的？”有的伤员已经停止了呼吸，主席就脱下帽子以示哀悼。后来随行的指挥员都涌上来了，将我们里三层外三层地团团围住，大家都伸出胳膊抢着与主席及其他中央领导同志握手，主席高兴地大声说：“我们胜利了！同志们辛苦了！这一仗打得好！”顿时周围响起了一片雷鸣般的掌声。

直罗镇战役全部结束后，我军全歼了敌人五十七军的一〇九师全部和一〇六师一个团，彻底粉碎了敌人对陕北苏区的第三次“围剿”，使陕北苏区根据地成为我军抗战的总后方。

毛主席释放刘志丹

直罗镇战役胜利后，毛主席从东村启程，冒着腊月的严寒返回瓦窑堡。毛主席到瓦窑堡办的第一件事就是释放刘志丹等同志。当时刘志丹等是在党的“左”倾路线指挥下，被陕北党的领导人错误地扣押起来的，多亏毛主席及时赶到，才正确处理了这一事件，否则后果不堪设想。刘志丹释放后，毛主席十分关心并器重他，委命他为二十八军军长。与刘志丹一起被关押的还有许多干部，也一起释放了。各单位都作了统一安排，纷纷派人去接回自己的干部。

当时西北保卫局长周兴派我去接李启明回保卫局工作，开始对他还不大相信，只是分配他任后勤秘书，只管生活，不接触业务。后来我对他的情况进行了全面的调查，感到他没有什么大错误，对党的事业一直忠心耿耿，政治上十分可靠，而且很有文采。我便向组织上作了汇报，请求组织上对他的问题立即作出正确结论，并量才用人，重新安排他的工作。组织上经过讨论后，大多数领导认为我的意见正确并同意采纳，但也有少数人受当时党内“左”倾路线影响，提出了不同意见。他们认为，干我们这行，还是谨慎为妙，万一出了问题，责任重大，谁来承担。当时我毫不犹豫地提出，此事是组织上指派我一手经办的，我是经过了周密的调查研究才得出结论的，出了问题，由我对组织上负责，同时我还阐明了保卫工作

关押刘志丹的窑洞

的特性，我认为为了真正对党的事业负责任，我们中央保卫局既要保证政治上的纯洁，又不能为了追求纯洁，而随意排挤、甚至清除好的保卫干部。因在残酷的战争年代，我党培养一名合格的保卫干部要难得多。经过我的反复说明，大家的意见基本统一，最后组织上正式作出了决议，正确处理了李启明被关押的问题。随后，任命李启明为保卫局长周兴同志的秘书，他上任后，工作一直干得很出色，我们当时的关系也相处得很好。到了延安时，因为工作关系，李宁（李克农的女儿）认识了李启明。李克农知道后，曾为此事问过我的意见，我认为李启明是个不错的同志。后来他们结为终身的革命伴侣。几十年来的实践证明，我当时实事求是提出的个人意见是完全正确的。李启明自参加革命以来，不仅过去政治上没有原则错误，而且一生都忠诚于党的事业，解放后他还担任云南省的省长，为党的事业、民族的利益，作出了很大的贡献，不愧为我党的优秀干部。

护送高福源

直罗镇战役后，毛主席已到陕北苏区后方去了，陕甘支队司令部还驻在甘泉县的麻子街。彭总、叶剑英参谋长、一方面军政治部主任杨尚昆、中央保卫局长罗瑞卿等中央领导，仍在前方领导工作。那时我在总司令部任特派员，我的直接领导是罗瑞卿，我每天都跟随在彭总等领导周围工作。我一方面要负责中央领导的安全，同时还要负责总司令部、总政治部、电台、机要科的安全。我每天从早跑到晚，脑子的弦总是绷得紧紧的，连睡觉都是半睡半醒。因我必须时刻紧跟中央红军，经常活动在中央要害部门的周围，几乎天天都要去司令部、政治部和各科室转转，随时了解掌握情况，及时向中央领导汇报。当时中央领导对我的工作很满意，许多重要的机密任务都指派我去完成。当时正面临抗日的新形势，敌我双方局势随时都有突变的可能。

1935 年 9、10 月，当东北军在陕北劳山和榆林桥等地三次同我军作战都惨遭失败后，张学良于 10 月下旬到南京参加国民党第五次全国代表大会，受到了蒋介石的冷落，这使张学良大为震动，他开始认识到，“剿共”是一条死路。东北军广大官兵不愿打内战，都想打回老家去。同时他也开始明白，蒋介石要他“剿匪”实际上是想借共产党的力量来消灭东北军，实施他排除异己的阴谋。从此，张学良与蒋介石的矛盾日益尖锐，加之西北军的影响，他开始产生了与我党联系的愿望。

随后，张授意王以哲师长立即派人与我军联系。王以哲打电报给毛主席，大意是：如果共产党有诚意的话，要求把高福源放回。高福源被俘后，与其他俘虏一起送到了瓦窑堡附近，我军一方面向他们宣传优待俘虏的政策，同时也进行正面教育，带他们参观我们中央红军的部队，对他们进行抗日宣传，使他们看清到底谁抗日，谁不抗日。高福源等俘虏通过我军的宣传教育及耳闻目睹的事实，甚为感动，开始认识到共产党和红军是真正抗日的，表示一定要积极配合我军做些抗日工作，以实际行动补过，同时表示希望见到红军的中央领导同志。我们及时向中央领导汇报了他们的意愿，中央首先派西北联络局（又称中共中央联络局，对外称外交部）局长李克农接见了高福源，随后彭总又亲自找他谈话。高福源表示，愿意回东北军宣传抗日，说服王以哲、张学良与我军结成抗日统一战线。这时，正值王以哲给主席打来电报要求释放高福源，毛主席周密考虑后，给彭总打电报，同意将高福源释放，并指定让我负责护送。

记得那天晚上，我正在球场打球。一个通信员跑到球场，急促地叫道："肖特派员，彭总让你马上到作战室去。"我扔下手中的球，抓起衣服就跑到了作战室，刚到门口，王友才参谋就说："你这飞毛腿跑得好快呀，有好消息等着你呢。"进门后，我看到彭总、杨尚昆主任，罗瑞卿局长都在。没等我敬礼，他们都叫我坐下。彭总拿着电报给我看，我一时有些激动。彭总说道："这是毛主席的战略思想，为了全局，为了抗日，为了解放全中国，毛主席决定把东北军的俘虏高福源送回东北军，并指定派你负责送回，你有什么意见？"我说："我行吗？"罗局长口气坚决地说："你行。不过得把你伪装一下，不能叫特派员，不能叫真名字，这是党的任务，要保密，要提高警惕。"我激动地连连点头说："党这样信任我，我坚决服从组织决定，坚决完成任务。"杨尚昆主任接着说："任务很光荣，很艰巨，关系到两军的抗日统一战线。彭总、罗局长都谈了你这次任务就是要保证把高福源安全送到陕南道同。到了道同由陕南省委书记李富春同志和肖劲光司令员与你接洽。高团长出边境的最后安全，由他们协助你，任务完成后，马上返回汇报。至于派警卫通讯员问题，中央早已作了安排，由王友才参谋去办，到骑兵团挑一个好的骑兵班随你同去，司令部还指派一个参谋协助你工作。"

我听了几位首长的谈话后，根据上级意图，具体谈了我的护送设想。他们也同我一起详细地分析了各种可能发生的情况，及其相应对策。并对整个护送方案进行了周密的布置安排。最后商定，由我总负责，着便装，秘密带枪，对外身份是参谋。另外再派两名干部协助我工作。一名由罗瑞卿从陕甘司令部保卫局指派，公开持枪，身份也是参谋，另一名是随高福源一起从后方来的保卫人员，是全副武装，公开警戒，专门监视高福源的举动。一切安排完毕，彭总亲自拿笔给肖劲光、李富春写了一封信，写完后交给我说：“你到陕南道同后，拿此信与肖劲光、李富春接洽，路途的一切中央全拜托你了，我们急等你的消息。”我双手接过信边点头边说：“彭总，我一切全懂了，请中央放心，完不成任务我就不回来见你们。”彭总拍拍我的肩膀说：“好，你马上去准备吧，明天一早就启程。”

散会后，刚出门王有才参谋对我说：“肖特派员，你去安排其他的，彭总已让我代表他给骑兵团团长打了电话，我马上去骑兵团给你挑一个骑兵班来。”我说：“咱们还是一起去吧，挑骑兵我的经验比你还多点。”王参谋笑笑点点头说：“这倒是，你是打仗打出了名，骑马也骑出威风了，办事还总是这么细心周密。”我说：“职业的习惯，有啥法子嘛，干我们这一行，容不得半点疏忽，只要脑子里有一根弦绷不住，都会出通天漏洞。”说完我俩上马就一起向骑兵团奔去。

到了骑兵团，团长见我们就说：“来得真快呀，我刚给你们挑好了一个班，这个班可是我们团最能冲锋打仗的班，保你们满意。”说完他领我们来到了这个班。一进门，他们便全体起立，整整齐齐地站成了一排，个头几乎一般高，个个都比我高出一头多，我抬手挨个拍拍他们，边拍边说：“好样的，一个个都是硬当当的。”王参谋笑着对我说：“怎么样，团长把最好的班挑给你，这下你该放心了吧。”我对团长说，骑兵团的兵没差的。走，再看看你们其他的班。团长摸不准我的心思就说：“我给你挑的没错，我们团各班住的太分散，你挨个看，看得过来吗？”我说：“这次主要不是去冲锋打仗，而是有特殊任务，需要胆大心细、内紧外松，表面上是骑兵班、通讯联络，实际上是侦察、警卫，随时应付敌情。所以光给我能冲锋打仗的还不行，必须选精明强干，脑瓜子转得快一点的。”团长会意地点点头说：“那好，我马上给你全团集合，让你自己挑个够。”

十几分钟后，一队队烈马从不同方向飞奔而来。全团集合完毕，团长在前面讲话，我就挨个从前往后看，围着全团整整转了几圈，最后选了其中个头最小的一个班。我向团长点点头，使使眼色，团长领会后，宣布全团解散，并把我选定的班留下来。团长走过来冲着我就嚷：“你好眼力啊，把我们团最机灵的侦察班给挑走了。”我说：“任务是中央指派的，非同小可啊，不过团长你放心，用完后我会完璧归赵的。”团长和王参谋听后，都

高福源（青年时代）

哧哧地笑了。王参谋给了我一拳说："肖特派员，可真有你的。"

骑兵选好后，我们连夜赶回，做了具体部署安排。第二天一大早，我带着一个骑兵班和两名保卫干部踏上了护送高福源的路程。我们全部都是骑马，骑兵班在前面开路，我们和高并肩同行。

高福源是东北人，身材高大魁梧，一派军人威武的气质。他比较深沉，话不多，但说出话来，条理清楚、十分理智。开始上路时，高福源一句不吭。我想放松放松大家的气氛，就主动上前与他搭话，问他："你是哪里人？"他说："东北人。"我说："我是肖参谋，毛主席、彭总派我把你安全送回。"他说："谢谢贵军的宽大。"我问他一句他就答一句，从不多说一句话。我又问："近来感受如何？"他说："这趟中共贵地之行，收获甚大，感触极深。"我问有何感触时，他说："贵军英勇善战，生活艰苦，主张抗日，深表佩服。"我说："高团长深明大义，今后有何打算？"他说："我回去将用我的见闻说服王军长和少帅，争取尽早与贵军精诚合作，一同抗日。"

我们正谈着、走着，骑兵班的一个通讯员飞奔过来，报告说："前面有敌情，必须立即隐蔽。"我让他报告班长："躲开敌人，改变行动路线，绕道而行。"我们马上掉头后退了几十米，拐向另一条路，找了一个僻静的地方，正好可下马喝水休息。这时，高福源走到我身边，拍着我的胳膊说："你不要怕，我知道你不是什么参谋，我保你安全。"我笑着回答："我怕什么，有你保驾，我什么也不怕。"这时他又神秘地对我说："你们跟我走，我来给你们开路。"这时我们刚刚走到甘泉县城边的通往西安的大路上，高福源趴在公路边上，对着甘泉城里的敌军高声喊道："弟兄们，我是王以哲部六一九团的团长高福源，你们不要开枪，我现在正准备回去，请你们放下武器，一致对外，中共红军是主张抗日的，我们不要中国人打中国人，我们要一起打日本。"他这一喊，对敌军的震动很大，只见城内也传出喊话声："高团长你放心，我们不会开枪打你的，你回去后告诉长官，我们也愿意抗日。"喊过话后里面一片平静。高说："平安无事了，我们可以放心地走了。"

我们往前走了几十米，我怕再遇见敌情发生意外，便让骑兵班探路，重新选定路线。这回走的全是小路，路很难走，在山路上绕来绕去，有时遇到障碍无法骑马就经常下马牵着马走，还趟过了一片浅水滩。我们走的这一段路，是计划路线外的生路，对敌情了解不详，必须高度警惕，眼观六路，耳听八方，随时准备应付敌情。这一段路，大家谁也没说话。高福源只要我们不问话，他也从不吭一声。我们默默地走到天黑，才到达预定接头地点。

我们刚到村口，就用暗语联络，找到了接头的地下党，他们派了三名化装的同志早已在村口等候我们二时许，见我们安全到来，喜出望外，赶紧领我们来到一个宽敞又高雅的独院里休息，并招待我们吃了饭，然后领我们到各区分头休息。骑兵班一部分在院外警戒，一部分在一间大屋里边警戒边轮流休息。高福源和武装保卫随从被安排在靠里面的一间卧室里休息。我和另一名参谋被带进了一间书房，书房里的摆设很讲究，家具全是古董式的，古柜摆满了古玩，名人字画挂满墙壁，这是我党的一个秘点。对外招牌是经营古董文物及其他生意的某某商行。书房里面还有一个小套间，里面摆了两张床和一套沙发，是专供老板休息用的。

这一晚上，我虽然躺在床上很舒服，但脑子一点也不轻松。我一夜未合眼，先后起来三次，在院里院外转了十来圈，随时掌握各方面的情况。原来除了我们骑兵班警卫外，当地地下党也在院内房上窗下及村口要道也派了十几个流动哨暗中保护我们。我看到这些布置，心里感到踏实多了。

第二天天刚亮，我们继续上路。当地地下党派人把我们送出好远，他们选的全是不大不小的安全路，所以一路顺利，未遇上任何敌情。我们刚刚让他们撤回不久，前面开路的骑兵班就派人向我报告说：“前面遇到一小股土匪，迎面而来，大约二十余人，附近已无岔路可走。”我当即果断地下令：“立即把敌人全部干掉。”骑兵班奉命猛冲向前，仅用了五六分钟，就把敌人干净利索地全部消灭掉。我们按指定路线，加快了速度，快马飞奔向前，中途再也不敢休息吃饭。又整整赶了大半天，终于顺利地赶到了陕南道同，我悬在心中的一块大石头总算落了地。

到了道同后，李富春、肖劲光马上接见我们。我把彭总的亲笔信递上，他们阅后先问候一番，便派人将我们一行安顿下来。随后，我们单独向李、肖作了详尽的汇报，并一起具体部署了最后一段路的行动方案。由于要在敌占区通行很长一段路，我们作出了周密的安排。李富春、肖劲光见我们一路很辛苦，便安排了一顿丰富的晚餐以示慰劳。当晚我们就地住下，虽有李、肖的关照，安全有保障，但我职业养成的习惯仍未睡着，我反复思考着最后一关如何顺利通行。

第二天清晨，我们继续上路，李、肖派了一名有经验的老交通为我们带路。这里虽然离敌人很近，但由于掌握敌情并熟悉路线，所以我们一路还算比较顺利，遇到几股流动之敌，我们为了避免正面交火，均采取隐蔽的方法。

通过东北军的第一道封锁线时，隐蔽的方法就行不通了，因到处都有东北军的警备部队，岗哨三五步一个，无空隙可乘，而且有点风吹草动，就听他们在喊：“干什么的，开枪啦！”面对这一局面，我考虑硬冲是要付出代价的，便果断地作出了决定，我们一律后退十来米，稍加隐蔽，作好战斗准备，由高福源带一名警戒保卫前去接洽、开路。高福源当时表示：“就这样办，你们全部退下，我一人应付即可。”说完我们后撤，他骑马便往前冲，只听到处响起一阵叫喊声：“什么人？”“站住！”“再动开枪啦！”高福源听到喊声毫不畏惧，他并未停步，只是摘下帽子，高高举起，在空中边挥边喊：“我是高福源！不许开枪！我是高福源，别开枪！”敌人一听是高福源，谁也不敢妄动，再也听不到叫声。可见高福源在东北军的影响之大，威望之高。高福源冲到哨卡后，与他们领班的交涉了几句，感到可以安全放行了，便挥手让我们赶上来。就这样，我们顺利地通过了敌人的封锁线。再往前走，到处都是敌军，我们行进中更加谨慎了。高福源却轻松地对我们讲："你们紧跟着我走，安全不会有问题。"我们一直将高福源送到太白弟附近，前面已经看到王以哲部的驻地，这是我们护送任务的终点。临别时，高福源激动地连连说道："感谢你们！感谢贵军！我不会让你们失望的。"我们握手致谢，敬礼道别，并派他的部下将我们安全送出封锁线。

完成护送任务后，我们连夜往回返。看到这刚刚走过的道路，我们的往返心情却有天地之别。刚才还是那样高度紧张，几乎全身的每一根神经都是绷得紧紧的，现在却是这样轻松自如，大家高兴得恨不得放声歌唱。但我们深知，中央领导还在急等我们的消息，我们必须以最快的速度返回向中央汇报。所以大家都不约而同地加快了骑马的速度，中途也顾不上睡觉和饱餐，只是让马歇歇脚，吃点东西喝点水，我们也随之席地小歇，有说有笑地就着河水啃点干粮。大家早已忘记了疲劳与饥饿，全都沉浸在完成任务的喜悦之中。

经过二三天的连夜飞奔，我们班顺利地返回驻地，当时已是深夜12点多了。彭总、杨、罗等几位领导立即接见我们，看到我们满身灰尘，疲惫不堪的样子，彭总首先心疼地说道："你们辛苦了！你们这么快就返回来了一定累坏了，饿坏了吧？我们天天都在盼你们的消息，终于提前把你们盼回来了。"杨主任马上对参谋说："先派人去搞点吃的，有什么好吃的，全拿出来，好好慰劳慰劳这几位有功之臣。"几位领导亲切地慰问完我们一行后，便派人安排他们马上去休息。让我单独留下，让我边吃饭边向他们作了详尽的汇报。几位首长听完汇报，连连点头，都露出了笑容。彭总满意地拍着我的肩膀说："小老虎，你不简单哪，这次任务你完成得很圆满、很出色，你为统战立了大功，值得表扬，值得表扬！"杨主任、罗局长也先后谈到了将高福源送回后，必将产生的政治影响和深远意义，并高兴地称赞了我的机智和勇敢，说我是保卫局中出色的特派员。当时我想我只是做了一名特派员应做的工作。

1936年2月21日，党中央派李克农作为红军代表偕秘书钱之光、译电员戴镜元和警卫员等四个随从人员由高福源引导，前往洛川会见张学良。到了洛川后，因张去南京不在，所以先与东北军六十七军军长王以哲及参谋长赵镇藩多次交换意见，达成关于红军与东北军六十七军互不侵犯和交通、通商等问题的口头协议。直到3月4日才同张学良开始会谈。会谈的主要内容是，李克农同志对张所提出问题一一作出解释回答，阐明我党的政策主张，揭露蒋对外投降，对内消灭异己的阴谋。用事实阐明东北军只有同我党我军联合抗日，才有出路。经李克农的工作，张学良扭转了对中共一些看法，统一了救国抗日的认识，并达成口头协议。同时商定，为进一步商谈抗日救国大计，中共领导人将与张再作一次商谈。

李去洛川同张第一次会谈的主要收获是：一、了解到张愿意抗日；二、张承认红军是抗日武装，可以同红军做朋友；三、谈妥了张给红军接济，军事上彼此妥协，暂时不打仗；四、建立了电讯联络。此时，我军已使甘泉城内的（东北军一部）共一千多人陷入了重围中。他们因缺粮草，把马匹杀光吃光，把百姓的桌椅板凳全部烧光，处境十分危急。毛主席为了扩大抗日统一战线，命令我军要从大局出发，尽力争取东北军抗日，立即停止围攻，让开大路，纵放敌人南归。当时我军在大道两旁列队欢送甘泉之敌。

1936年4月9日，周恩来同张学良在延安举行了会谈，会谈结果，同意由我方派刘鼎驻张部作正式联络代表，叶剑英作张学良的军事顾问。张还给我军提供了电台、枪支弹药等军用物资。这次会谈的成功，对于西北地区统一战线的形成，以及促进全国统一战线的实现，都有重要意义。

周恩来为我改名

1935年党中央到达陕北保安县不久，立即作出决定，派一个部队到陕北苏区内地，组织中央红军补充师，一方面扩大红军队伍，另一方面宣传中央红军进行二万五千里长征的意义。当时，中央军委副主席周恩来和一方面军政治部主任杨尚昆在保安县召集我和黎林、白志文、吴概之等五同志谈话，他代表党中央正式宣布由我们五人组成陕北苏区补充师的领导核心，白志文任师长，黎林任师政委，吴概之任政治部主任，王某任参谋长，我任师特派员，并具体谈了补充师的任务及注意事项。杨讲完后，周副主席接着说：“补充师的组成，任务和注意的问题杨主任都讲了，我再谈谈陕北苏区的敌我形势及你们任务的艰苦性……”周、杨讲完后，我们五人都一致表示服从组织安排，并分别谈了个人的意见。谈话结束后，我们分头回去交接工作，准备随时启程执行新任务。

临行前一天，周副主席、杨尚昆主任、罗瑞卿局长、周兴局长再次找我单独谈话。周副主席开场就幽默地说：“小老虎，你不是叫高贵么，这回我可得给你改个名字啦。”我吃惊地重复着：“改名字？”周副主席接着说：“对，改名字。如果你不改个名，你到陕北苏区后，就会天天挨骂的。”我说：“挨谁的骂，好人不会骂我的，坏人的枪子都打不倒我，还能把我骂倒了。”周副主席哈哈笑了起来，接着说：“这回你可是遭好人骂啰！因陕北苏区有一个敌军师长叫高桂滋，是人人皆知的大坏蛋，只要提起他都恨得咬牙切齿，当地老百姓编了好多顺口溜来骂他，什么高桂滋是我儿，高桂滋是狗孙；什么高桂滋快快死，高桂滋绝子孙等等，这些顺口溜在当地到处流传，连小孩子都会唱，而且是天天唱，到处唱，如果你不改名，你这高贵和高桂滋在当地方言中听起来几乎一样，到了那里你不光是天天挨骂的问题，搞误会了，你的脑袋也有可能搬家啰。”我领会地点点头说，原来我这名字有这么严重的问题。周副主席接着说：“对，问题就这么严重，所以我想为了党的需要，也为了你的安全，我必须为你改名，你有没有意见？”我说：“我的名字虽然是爹娘起的，有代表意义，但为了革命的需要，别说改名字，就是献出生命也再所不惜，何况是您亲自为我改名，在某种程度上远远胜过爹娘起名的意义。”周副主席说：“你既然这么看重我，那我就不客气了，咱们可讲好了，从此以后你在革命队伍中再也不叫肖高贵了，不过回到父母身边还可以继续叫高贵，到时他们多叫你几遍高贵好了。”我听到这里，迫不及待地问：“那么您给我改名叫什么呢？”周副主席故意慢条斯理地说：“你别着急嘛，你的名字我早就给你想好了，叫肖……”周副主席拉长了音，故意顿了顿，然后把手一挥，一个响亮的名字脱口而出，“肖赤！这个赤嘛，可不是吃饭的吃，而是红色的赤，它象征革命，也代表你这个红小鬼。”在场的人一起叫好。周副主席说：“你们叫好没用，只有小老虎自己叫好才算数。”我立即高兴地提高嗓音响亮地叫了声：“好！我叫肖赤。”周副主席也笑着说：“好，那咱们就这样说定了，从现在起，你这个小老虎正式由肖高贵改为肖赤。”我回答说：“是，谢谢周副主席为我起了个好名字。”

1939 年毛泽东在延安王家坪军委作战室为肖赤亲笔题写了名字，图为刻制成的印章印出的字迹

这次谈话结束后，周兴让保卫局立即发出一个我改名的通知，我正式改名为肖赤。这次改名我永生难忘。我衷心感谢党中央和周副主席对我的关怀。

后来 1939 年在延安王家坪作战室，一次我与主席谈起改名经过时，主席连说这个名字改得好。主席边说边拿毛笔写下了几个肖赤，还问我：“写的好吗？”我说：“好极了！”主席说：“那就送给你留作纪念吧！”我说：“打起仗来这个无法保存，我想把它刻下来永久保存。”毛主席说：“请便吧，不过刻章嘛你可要挑选一个写得最漂亮的。”说完哈哈笑起来。还告诉我：“你要刻章就找总政宣传部长肖向荣去办。”我后来把毛主席的手迹交给了肖向荣部长，他指令安寨军政杂志社立即刻成了这枚人名印章。从此以后它一直收藏在我身边留作永久的纪念。

补充师的扩红工作任务不仅艰巨，而且敌情复杂，特务活跃，情报业务更为繁重。我不仅要做好扩红的宣传、组织工作，更重要的要严把政审关，要通过明察暗访，保证红军队伍的纯洁性，严防敌人乘机混入我们的队伍。我们扩红工作的标准是：第一必须确保质量，第二才是保证数量。由于我们按期圆满地完成了任务，受到了中央军委的表扬，同时党中央及保卫局也对我的特殊工作提出了通报。

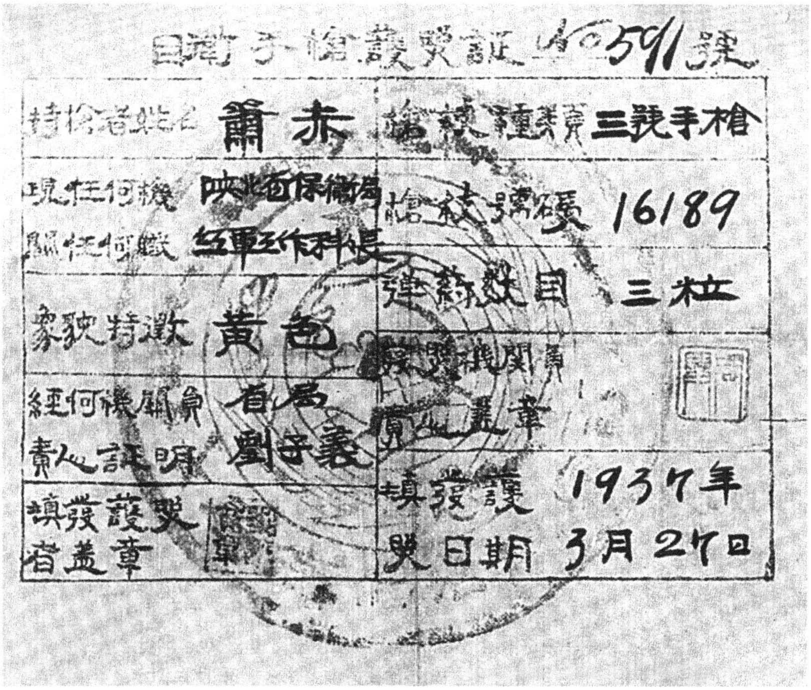

肖赤在陕北省保卫局期间的枪证

附　　录

肖赤任职简历

一、第一次国内革命战争时期：在当地任党的秘密交通员、宣传员、小组长。

二、第二次国内革命战争时期：任赤卫队、游击队、独立团文书、通讯员、红二十军青训队、陂头红校学员，沙村地区东浪红工委副书记、冠朝区委书记、区肃反委员会主席、独立营政委，兴国补充师二团特派员、瑞金国家政治保卫局三期训练班学习，卫生学校、总医院特派员。参加二万五千里长征，军委纵队司令部特派员、陕甘支队即第一方面军司令部特派员、干部团二营特派员、特科团特派员、陕北苏区补充师特派员、陕北苏区红军工作科长、东地区延长县保卫局长。

三、抗日战争时期：任延安抗大总校保卫科长、军委总参作战部、总支委员会副书记、一局协理员，中央党校第一部学习。

四、解放战争时期：任华北军区教导二团副政委、教导三团政委、冀察军区第二纵队民运、敌工部长，冀晋军区第三、四军分区主任、副政委，华北野战兵团第六纵队第十八旅政治部主任、副政委，华北补训兵团第五旅副政委、政委，第二野战军军大、西南军区军大三总队政委、西南军区川南教导总队政委，重庆警备司令部政治部主任。

五、社会主义革命和建设时期：任西南公安部执行处、审讯处处长、部办公室主任、中公部经济保卫局办公室主任、交保局邮电处长、地质部保卫司副司长、司长、部办公厅副主任、机关党委副书记，中调部部务委员、六局局长，总参二部党委委员和管理局政委、党委书记、中调部党委委员、管理局局长、党委书记、第五届全国人大代表，1982 年退居二线任局顾问，1983 年离休后任国家安全部咨询委员、老干部局党委委员、中央副部长级待遇。

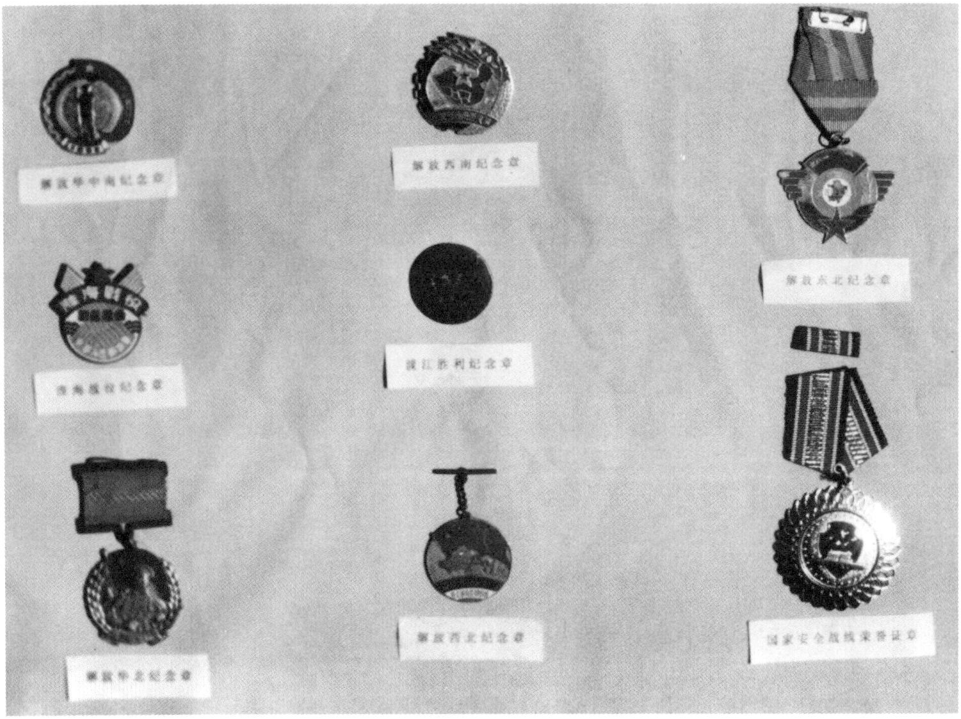

肖赤参加各次战役获得的纪念章

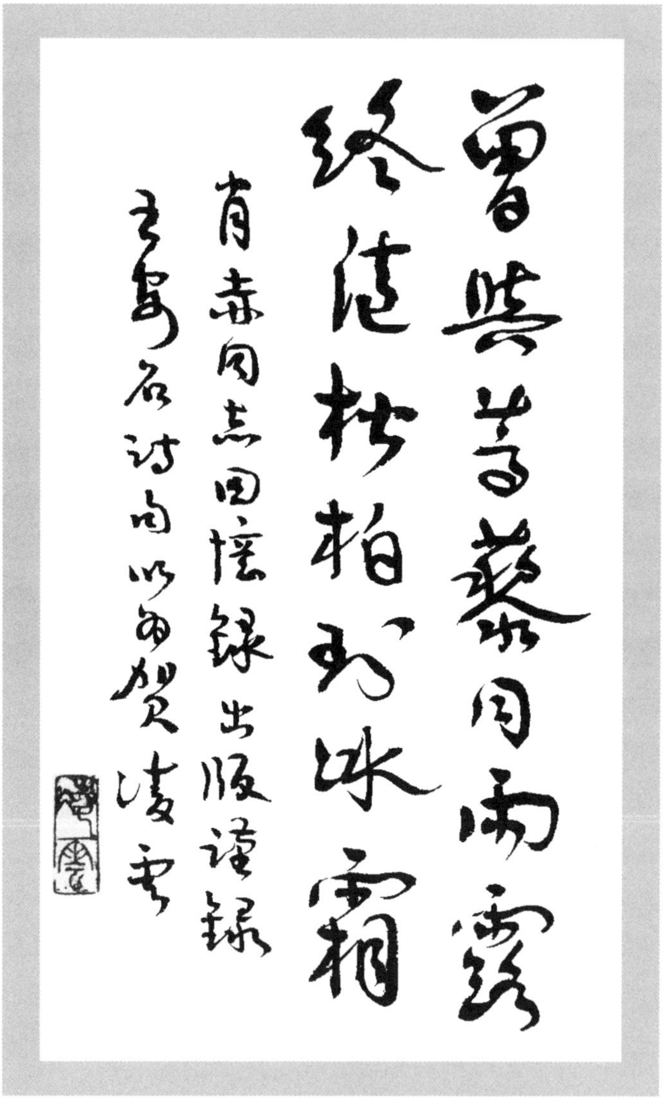

原国家安全部部长凌云为肖赤回忆录题词